मन की उड़ान

मन की उड़ान

चरण सिंह गुप्ता

KALPAZ

मन की उड़ान

ISBN : 978-93-5128-294-5

मूल्य: 290

भारत सन् 2017 में प्रकाशित
कल्पाज पब्लिकेशन
5, अंसारी रोड, दरियागंज,
नई दिल्ली-110002
Phone : 9811692060

ई-मेल: kalpaz@hotmail.com

मुद्रित: जी. प्रिंट प्रोसेस, दिल्ली

विषय-सूची

समीक्षा 7
अभिव्यक्ति 11
सृजन 15

1. दादा जी का तारा 17
2. प्रेरणा स्त्रोत 25
3. नहले पे दहला 39
4. संत-वाणी 51
5. गौना 67
6. अब तू ही बता बेटा 87
7. ममता 97
8. टूटी चप्पल 115
9. जब ठग ठगा गया 129
10. तीन चूड़ियाँ 137
11. सहारा 145
12. उजाड़ 159
13. माँ का आँचल 167
14. श्रवण बाप 177
15. करोड़पति 197

समीक्षा

एक रचनाकार अपने सोच, विचार, स्मृतियों एवं कल्पना से अपने इर्द-गिर्द घटित हो रही घटनाओं को एक जीवन्तता प्रदान करता है। सृष्टि के साथ साथ मनुष्यों द्वारा बनाए गए नियमों एवं कारनामों को एक रचनाकार, अपनी कल्पना के माध्यम से, कविता, उपन्यास या कहानियों का रूप देकर समाज के साहित्य को उजागर करने का प्रयास करता है। विश्व की समस्त भाषाओं में साहित्य की निरंतर सृजना हो रही है। साहित्य समाज का दर्पण है। अतः साहित्य का अविच्छिन्न सृजन ही समाज की जीवन्तता को कायम रख सकता है।

अनादिकाल से वर्तमान काल तक न जाने कितनी रचनाएँ मसलन वेद, उपनिषद, महापुराण, पुराण, श्लोक, काव्य, उपन्यास, गद्य, चौपाईयाँ तथा कहानियाँ समय समय पर अपने युग का प्रतिनिधित्व करती रही हैं। इनके लिए बाल्मिकि, सूरदास, कबीर, रविन्द्रनाथ टैगोर, हरिवंशराय बच्चन, मैथिलीशरण गुप्त, मुंशी प्रेम चंद, महादेवी वर्मा इत्यादि अग्रणी पंक्ति के रचनाकार हुए हैं। गद्य साहित्य में उपन्यासों के बाद मनोरंजक एवं ज्ञानवर्धक कहानियों को हमेशा सराहा गया है।

श्री चरण सिंह गुप्ता की लघु कहानियों का यह संकलन 'मन की उड़ान-2' इसी श्रृंखला की दूसरी पुस्तक है। इस रचनाकार ने प्रस्तुत संकलन में अपनी, पहली पुस्तक 'मन की उड़ान' की तरह ही,

लेखन प्रतिभा का सशक्त परिचय दिया है। अपनी कहानी ''फुर्सत'' में वर्तमान युग के नौजवानों को अपने लिए बेहिसाब फुर्सत होने के बावजूद दूसरों के लिए, चाहे वह कोई अपना ही क्यों न हो, कभी फुर्सत न मिलना, ''प्रेरणा स्त्रोत'' में मनुष्य का अपनी वर्तमान संगत के रंग में रंग कर उसी से प्रेरणा लेकर अपने आप को उसी संगत के अनुसार ढाल लेना ''जब ठग ठगा गया'' में एक मुसाफिर साथी की सूझबूझ तथा चतुराई से एक चतुर ठग का पहचाने जाने पर खुद ही ठगा जाना, ''उजाड़'' में कभी कभी जनता की भलाई को सोचकर बनाई गई सरकार की योजनाएँ किसी के लिए भी हितकारी नहीं हो पाना, ''सहारा'' में अपनों के सहारे को तरसते इंसान को जब मुसीबत के समय कोई अनजान भी सहारा दे देता है तो वह व्यक्ति अपने आप को ऋणी मान कर सहारा देने वाले को अपनाने में कोई हिचक नहीं करता, ''संत वाणी'' में जताकर कि तृष्णा सब चिंताओं की जड़ है। अतः इसका त्याग ही मनुष्य को मुक्ति दिलाकर सुखी जीवन जीने का रास्ता है, ''गौणा'' में प्रेयसी द्वारा अपने प्रेमी को 'आश बिरानी जो करे जीवत ही मर जाए' का पाठ पढ़ाना, ''अब तू ही बता बेटा'' में नौकरी में जरूरत से कम पगार मिलने से मजबूरन घूसखोरी की बलवती होती इच्छा, ''ममता'' में बच्चों का माँ के प्रति अभद्र व्यवहार से भी अपने ममत्व में कोई कमी प्रदर्शित न करना, ''तीन चूड़ियाँ'' में एक बच्चे की कोमल मानसिकता को बड़े ही मार्मिक ढंग से दर्शाना, ''नहले पे दहला'' में गलत रास्ते पर अग्रसर होते एक नौजवान को उसी की चाल से मात देते हुए सही दिशा दिखाना तथा ''मेरे दादा जी का तारा'' में अपने पूर्वजों की आखिरी इच्छाओं की पूर्ति करने के लिए अपना लक्ष्य निर्धारित करके उसे पूर्णता तक पहुँचाना, पाठक के दिल को छू लेता है। इसी तरह आपकी सभी कहानियों का अंत भी बहुत ही सजीव कौतुहल पूर्ण एवं बेजोड़ है। आशा है पाठक गण इस संकलन में संग्रहित नूतन

कहानियाँ पढ़कर रचनाकार, श्री चरण सिंह गुप्ता, को लेखन में सफलता की नित नवीन ऊँचाईयों का स्पर्श करने में सहायक बनेंगे।

"भगवान आपको उन्नति के शिखर पर पहुँचने में मदद करे" इसी शुभ कामना के साथ।

चेतना मंगल
स्नातकोत्तर (हिन्दी)
बी. एड

अभिव्यक्ति

कोई भी छोटे से छोटे काम को सुचारू रूप से करने के लिए बहुत से लोगों की सहायता लेनी पड़ती है। इसी प्रकार लेखक को भी अपनी रचना की संजिदगी बनाने के लिए दूसरे लोगों का सहारा लेना आवश्यक हो जाता है।

यह तो सर्व विदित है कि एक मनुष्य की सफलता में उसकी पत्नी का योगदान बहुत महत्त्व रखता है। मैं भी ऐसे योगदान से अछूता नहीं रहा। अपनी पत्नी, संतोष गुप्ता, के उकसाने से ही मैं भारतीय वायु सेना में रहते हुए भी जोधपुर यूनिवर्सिटी से स्नातकोत्तर की डिग्री हासिल करने में कामयाब हुआ। फिर भारतीय स्टेट बैंक में वहाँ हिन्दी दिवस प्रतियोगिता के लिए अपनी पत्नी के साथ घटित घटना पर आधारित लिखा लेख प्रथम घोषित होने से मेरे अन्दर और कहानियाँ लिखने की जागृति पैदा हुई। अब पाठकों द्वारा मेरी पहली पुस्तक 'मन की उड़ान' में रूचि को भाँपकर मैं अपनी लघु कहानियों की यह दूसरी पुस्तक "मन की उड़ान-2" छपवाने में कामयाब हो रहा हूँ।

मैं अपनी पौत्री चक्षु मंगल का भी ऋणि एवं आभारी रहूँगा क्योंकि इस ने अपनी सूझबूझ से, मेरी लिखी कहानियों के सन्दर्भ में, स्कैच बनाकर उन्हें जीवन्तता प्रदान की है।

मैं अपनी कहानियों के पात्रों का भी आभार प्रकट करना चाहूँगा जिनका प्रत्यक्ष या अप्रत्यक्ष रूप में सहयोग मिलने से ही मैं उनकी मनोदशा को काल्पनिक तथ्यों में पिरोकर कहानियों का रूप दे पाया हूँ।

ऊँ शांतिः

पुत्र

प्रवीण कुमार मंगल

पवन कुमार मंगल

पुत्र वधुएँ

चेतना मंगल

अंजू मंगल

चक्षु, नयन, गर्व, यश एवम

मंगल परिवार के सभी सदस्यों को समर्पित

सृजन

इस संसार में असंख्य प्रजाति के अनगिनत प्राणी वास करते हैं। अर्थात इनमें तरह-तरह के जीव तथा भिन्न प्रकार की जातियाँ हैं। कहीं मनुष्यों का मेला है, कहीं पशु-पक्षियों का जमघट, कहीं पेड़ पौधों के जंगल हैं तो कहीं कीड़े मकौड़ों का झुंड, कहीं कलकल बहता जल है तो कहीं समुन्द्र की लहरों का प्रचंड। यहाँ प्राणियों की अत्यधिक भरमार है परन्तु इनमें से कई जीव सद्भावना से प्रेरित हैं तो कई विकारों से युक्त है। सद्भावना मनुष्य के आतंरिक सौंदर्य, प्रेम, करूणा, सदाचार, तथा परोपकार को दर्शाता है वहीं विकारों के वशीभूत मनुष्य मान मर्यादा, इंसानियत, सम्बन्ध, रिश्ते नाते, सब कुछ भूल कर उनको दरकिनार कर देता है।

मेरी इस पुस्तक की कहानियाँ मनुष्यों में व्याप्त विकारों और सद्भावनाओं के मिश्रण को दर्शाती है।''

दादा जी का तारा

धीरज अपने माँ–बाप का इकलौता लड़का था। वह अपने बाप का ही नहीं बल्कि अपने दादा जी का भी अकेला वारिस था। हालाँकि दादा जी अधिक पढ़े–लिखे नहीं थे परंतु अपने जमाने के उच्चकोटि के फुटबाल के खिलाड़ी थे। अपने देश की टीम में खेलते हुए उन्हे बहुत से पदक जीतने का श्रेय मिला था। परंतु समय की मार ने उनकी आँखें छीन ली तथा अपने जीवन के आखिरी दिनों में वे अंधेपन के शिकार हो गए। फुटबाल के खेल प्रेम का जज्बा उनकी रग रग में इस कदर भरा था कि आँखों की रोशनी न रहते हुए भी वे फुटबाल स्टेडियम में बैठकर वहाँ खेले जा रहे मैचों का भरपूर आन्नद लिया करते थे। ऐसा लगता था जैसे आँखों से देखने की असमर्थता उनके फुटबाल मैच देखने की लालसा को किसी प्रकार भी कम नहीं कर पाई थी। क्योंकि अपने तजुर्बे तथा कमंटेटर की कमेंटरी से वह खेल के हर पहलू को अच्छी तरह समझ जाते थे।

धीरज के दादा जी की दिली ख्वाहिश थी कि वे अपने लड़के, राजेंद्र को ऐसी तालीम दें कि वह भी उनकी तरह एक उच्चकोटि का फुटबाल खिलाड़ी बने परंतु लाख कोशिशों के बावजूद उनकी यह इच्छा पूरी न हो सकी। उनका लड़का बहुत ही सीधे स्वभाव, भोला, ईमानदार परंतु पढ़ाई लिखाई में बहुत ही प्रखर बुद्धि वाला इंसान था। वह शारीरिक मेहनत नहीं कर सकता था अपितु दिमाग की उसके पास कोई कमी न थी। वह इतना प्रतिभाशाली तथा गुणवान था कि

उसने अपने राज्य की स्नातकोत्तर की परीक्षा में स्वर्ण पदक हासिल किया था। भगवान की इसी देन के कारण वह उत्तर प्रदेश राज्य में एक जिला विभाग का उच्च अधिकारी नियुक्त हो गया था।

राजेंद्र की पत्नी, किरण अधिक पढ़ी लिखी नहीं थी परंतु उसमें एक अग्रणी किस्म की औरत होने के सभी गुण विद्यमान थे। वह सुन्दर, सुशील, मृदुभाषी एवं हर मायने में एक गुणवती नारी थी। वह हर प्रकार से सम्पन्न थी परंतु शादी के आठ वर्ष व्यतीत होने के बावजूद भी वह माँ न बन पाई थी। एक औरत को अपनी सामाजिक तथा आर्थिक सम्पन्नता निराधार ही महसूस होती है अगर वह माँ नहीं है। इसे भगवान की कृपा ही कहा जाएगा कि किरण की बड़ी बहन के अथक प्रयास एवं निष्काम भावना से भागदौड़ करने के कारण वह धीरज की माँ बनने में सफल हो गई।

राजेंद्र अधिकतर अपने इलाके से बाहर नौकरी पर रहने के कारण अपनी पैतृक जायदाद की देखभाल करने में असमर्थ था। अपने पिता जी का अकेला लड़का होने की वजह से, अपनी शादी के बाद, उसने अपने पिता जी को भी अपने पास बुला लिया था क्योंकि उसकी माता जी का स्वर्गवास हो चुका था अतः घर पर उसके पिता जी की देखभाल करने वाला कोई जिम्मेदार व्यक्ति नहीं था। मौका पाकर राजेंद्र के पिता जी की सारी जायदाद उसके ताऊ-चाचाओं ने कब्जा ली। बेशक उनके रिश्तेदारों ने उन्हे घर से बेघर कर दिया परंतु राजेंद्र के माथे पर एक शिकन तक न आई तथा उसने यह सहर्ष स्वीकार कर लिया।

पुराने जमाने में एक कहावत थी कि "जिसका काम उसी को साजे और करे तो डिंगा बाजे।" अर्थात सामाजिक ताने बाने में रहते हुए एक व्यक्ति को वहीं काम करना शोभा देता है या करना चाहिये जिसके लिए वह समाज ने मुकर्रर किया है। जैसे एक क्षत्रीय को

निडरता, वैश्य को व्यापार, सुनार को गहने बनाना इत्यादि। इसके पीछे धारणा थी कि अगर कोई व्यक्ति अपने निर्धारित कार्य को छोड़कर कोई दूसरा काम करता है तो उस पर उसके दुष्परिणाम पड़ते हैं। राजेंद्र के साथ कुछ ऐसा ही हुआ। अपनी नौकरी के रहते उसने जन्म कुंडली बनाना, सटीक भविष्यवाणी करना, रूद्राक्ष, मणिक, मोती और रत्नों का जीवन में महत्ता, होम्योपैथी का इलाज आदि के बारे में भी पूरी दक्षता हासिल कर ली थी। परंतु अचानक ही अभी जब धीरज 9वीं कक्षा में पढ़ रहा था तो राजेंद्र का देहांत हो गया। राजेंद्र के आकस्मिक स्वर्गवास से उसके परिवार के बाकी सदस्यों पर गमों का पहाड़ सा टूट पड़ा। घर से बेघर तो वे पहले ही हो चुके थे। धीरज खुद अभी नाबालिग था। उसके दादा जी देख नहीं पाते थे। अब घर का खर्च चलाने वाला कोई नहीं था। यह एक ऐसी स्थिति बन गई थी कि अगर कोई कमजोर औरत होती तो टूटकर रह जाती और तीन प्राणियों का उसका परिवार बिखर जाता। सभी सगे संबंधी बस यह कह कर रह गए कि भगवान अच्छे आदमियों को ज्यादा प्यार करता है अतः उन्हें जल्दी अपने पास बुला लेता है।

परंतु विपदा की इस घड़ी में किरण एक सुलझी हुई तथा धैर्यवान नारी साबित हुई। किरण ने अपनी उस थोड़ी सी आमदनी में ही, जो उसे अपने पति की पेंशन के रूप में मिलनी थी, घर के खर्च के साथ साथ अपने लड़के धीरज को भी अपने स्वर्गवासी पति की तरह उच्च शिक्षा कराने का फैसला कर लिया। क्योंकि यही उसके पति ने भी अपने लड़के को प्रेरणा देते हुए समझाया था कि उच्च शिक्षा ही उसका ध्येय होना चाहिए। धीरज भी अपने पिता जी की तरह तेज दिमाग का धनी था। वह अपनी कक्षा में हमेशा प्रथम आता था। व्यवहार में भी वह अपने पिता जी की तरह सादगी, बड़ों को इज्जत देने वाला एवं सुन्दर तथा सुडौल शरीर का मालिक था। जब से उसने

होश सम्भाला था तथा उसके पिता जी ने उसे भविष्य के लिये प्रेरणा देना शुरू किया था वह उनके नक्शे कदम पर चलने लगा था। अतः धीरज ने अपने पिता जी की मनोइच्छा का पूर्ण रूप से स्वागत करते हुए पूरी लगन से, अपने कॉलेज से वजीफा लेते हुए, बिरला इंस्टीच्युट ऑफ टेक्नोलोजी से अपनी इंजिनियरिंग की डिग्री उच्च नम्बरों से पास कर ली। वह जल्दी ही एक बड़ी कम्पनी में इंजिनियर भी नियुक्त हो गया। अपनी इंजिनियरिंग की पढ़ाई के दौरान धीरज अपने दादा जी की दबी आकांशाओं को भी नहीं भूला था। उसने अपने मन में एक दृढ़ निश्चय कर लिया था कि वह अपने दादा जी की मनोकामना, जो उसके पिता जी पूरा न कर पाए थे पूरी करने की जी जान से कोशिश करेगा।

वह कॉलेज की फुटबाल टीम का अभिन्न अंग बन गया था। जब भी समय मिलता था वह अपने खेल के स्तर को सुधारने का प्रयत्न करता रहता था। इंटर कॉलेज की प्रतिस्पर्धा के चलते उसके सधे हुए खेल की वजह से उसका नाम काफी चर्चित हो गया था। उसी के आधार पर उसका नाम देश की फुटबाल टीम में सम्मिलित कर लिया गया था।

फुटबाल के अंतर्राष्ट्रीय टूर्नामेंट शुरू हो चुके थे। इसमें 12 देशों की फुटबाल टीमें हिस्सा ले रही थी। पहले, दूसरे, तीसरे फिर चौथे दौर के मैच समाप्त हो गए परंतु धीरज को अभी तक किसी भी मैच में खेलने का मौका नहीं दिया गया था। वह एक रिजर्व ही बना रहा। अब तक उसकी टीम ने अपने सभी मैचों में जीत दर्ज करके टूर्नामेंट के फाईनल में प्रवेश कर लिया था।

धीरज जो हमेशा अपने नाम के अनुरूप धीरज से काम लेता था तथा हमेशा चुपचाप अपने सीनियरों की बात मानता रहता था, आज फुटबाल के फाईनल का मैच खेले जाने वाले दिन अपना धीरज खो

बैठा। वह अचानक अधीर हो उठा। उसने बड़े आत्म विश्वास से अपने फुटबाल के कोच से हाथ जोड़कर विनम्र निवेदन करते हुए कहा, "साहब मुझे फाईनल का मैच खेलने दिया जाए"

"धीरज। तुम कैसी बात कर रहे हो?"

"सर कृपा करके, सिर्फ एक मौका।"

"नहीं ऐसा नहीं हो सकता।"

"साहब पूरे टूर्नामेंट के दौरान मुझे एक बार भी खेलने का मौका नहीं दिया गया।"

"यह हमारे देश के गौरव का सवाल है।"

"मैं अच्छी तरह जानता हूँ सर।"

इसमें सिर्फ प्रतिभाशाली खिलाड़ियों को ही मैदान में उतारा जाता है।"

"साहब आपने मेरी प्रतिभा को आज तक जाँचा ही कहाँ है। आपने तो मुझे किसान के उस तरबूज की तरह कैद कर रखा है जिसको उसने लौटे में डाल दिया था।"

"तुम्हारा कहने का क्या अभिप्राय है।"

"साहब ऐसा हुआ कि एक किसान के खेत में एक तरबूज की बेल पर फल लगने शुरू हुए तो किसान ने एक फल को लोटे में डाल दिया तथा बाकियों को खुले वातावरण में फलने-फूलने दिया। खुले वातावरण में पनपने वाले तरबूज तो फुटबाल की गेद से भी बड़ें हो गए परंतु लोटे वाला तरबूज उस लोटे में ही समाकर रह गया। उसे बढ़ने का अवसर ही नहीं मिला।"

फुटबाल का कोच धीरज की बात सुनकर हतभ्रत सा रह गया। हमेशा शांत स्वभाव से रहने वाले खिलाड़ी की आत्मा के उदगार

सुनकर कोच सन्न रह गया। उसे आज धीरज बहुत उत्साहित नजर आ रहा था। धीरज की बातों से कोच ने अन्दाजा लगा लिया कि उसके मन में आज फाईनल मैच के दौरान कुछ कर दिखाने का जज्बा है। अपनी गलती का एहसास करते हुए कोच ने सोचा कि वास्तव में धीरज सही बयाँ कर रहा था। हो सकता है वह फुटबाल के महानतम खिलाड़ी पेले की तरह अपने अचरज भरे खेल से सभी को स्तम्भित कर दे। फिर भी मन के किसी एक कोने में शंका के रहते हुए तथा बावजूद और सभी का विरोध सहन करते हुए भी कोच ने धीरज को फुटबाल के फाईनल मैच में खेलने की अनुमति दे दी।

मैच के शुरू होने की पहली सीटी के साथ ही धीरज ने अपने करतब दिखाने शुरू कर दिए। एक के बाद एक तीन गोल दागकर उसने विरोधी खेमे में हलचल पैदा कर दी। मैदान के चप्पे चप्पे पर धीरज ही धीरज दिखाई देता था। पलक झपकते ही वह फुटबाल के मैदान के एक कोने से दूसरे कोने में पहुँच जाता था। ऐसा प्रतीत होता था जैसे उसके पंख उग आए हों तथा वह मैदान में दौड़ने की बजाय उड़ रहा हो। धीरज वाली टीम फुटबाल का फाईनल मैच जीत गई। मैच जीतने के बाद चारों और से धीरज की जय-जयकार के नारे बुलन्द होकर गूँजने लगे। धीरज की चारों ओर से प्रशंसा हो रही थी। औरों की तरह उसका कोच भी आश्चर्यचकित था। उसने अपने मन की जिज्ञासा मिटाने के लिये धीरज से पूछा, "मैंने आज तक तुम्हें इस प्रकार का प्रदर्शन करते पहले कभी नहीं देखा। आखिर वह कौन सी शक्ति थी जिसके कारण आज तुम इतना अच्छा खेले?

धीरज ने बड़ी ही मासूमियत से उत्तर दिया, "आज मेरे दादा जी मुझे खेलते हुए देख रहे थे।"

तुम्हारे दादा जी तो रोज स्टेडियम में वहाँ सामने बैठते थे, कहते हुए कोच ने अपनी नजरें उस और घुमाई जहाँ से धीरज के दादा जी उसे खेलते हुए देखते थे। परंतु आज वहाँ कोई नहीं था।

जब कोच ने अपनी प्रश्नवाचक नजर धीरज पर डाली तो वह बोला, "वे आज यहाँ नहीं आ सकते थे।"

"तो फिर तुमने अपना खेल किसे दिखाया?"

धीरज ने आसमान की और अपनी उंगली उठाकर इशारा करते हुए कहा, "अपने दादा जी को।"

मतलब यह है कि हालाँकि मेरे दादा जी प्रत्येक दिन यहीं आकर बैठते जरूर थे परंतु वे देख पाने में असमर्थ थे। उनकी आँखों की रोशनी चली गई थी। चार दिन पहले उनका स्वर्गवास हो गया था। अतः वे तारा बनकर आसमान में चमकने लगे। आज वहीं से वे मुझे खेलते हुए देख रहे थे। मैच जीतने के उपलक्ष्य में पारितोषिक के रूप में टीम के कप्तान को जब ट्राफी दी गई तो उसने धीरज को स्टेज पर बुलाकर यह कहते हुए कि इसको ग्रहण करने का असली हकदार धीरज है, उसको ट्राफी थमा दी।

धीरज ने ट्राफी को अपने सिर से ऊँचा उठाकर तथा आकाश की और देंखते हुए जोर से पुकारा, "दादा जी।"

सूरज की किरणें ट्राफी पर पड़कर ऐसा आभास करने लगी जैसे सैकड़ों तारों के साथ धीरज के "दादा जी का तारा" भी, आशीर्वाद देने के रूप में, आसमान से उतर कर ट्राफी पर बैठा झिलमिला रहा हो।

प्रेरणा स्त्रोत

भारत में बादशाहत के पतन के साथ साथ अंग्रेजों के साम्राज्य की स्थापना शुरू हो गई थी। धीरे-धीरे ब्रिटिश हकूमत की पकड़ इतनी मजबूत हो गई कि उन्होंने पूरे हिन्दुस्तान को अपने कब्जे में कर लिया। आहिस्ता आहिस्ता अंग्रेजों ने भारत में अपने उद्योग धंधें को बढ़ाना शुरू कर दिया। इन उद्योगों के लिये कच्चा माल इंग्लैण्ड से निर्यात किया जाता था अतः भारत की अपनी धन दौलत बाहर जानी शुरू हो गई। बना हुआ तैयार माल कुछ तो बाहर अपने देश भेज दिया जाता तथा कुछ खपत भारत में ही होने लगी जिससे यहाँ के लोगों के उद्योग धंधे बन्द होने के कगार पर आ गए। भारत देश का वैभव ढलने लगा। यहाँ का चहुँमुखी विकास रूकने लगा।

इन्हीं दिनों पंजाब राज्य के फरूखनगर कस्बे में सेठ चमन लाल गुप्ता का नाम प्रतिष्ठित व्यक्तियों में लिया जाता था। यह कस्बा हरियाणा के अलावा जिले के आसपास के लगभग सौ गाँवों की मंडी हुआ करता था। इस मंडी में किसान अपने खेतों की फसल की पैदावार लाकर बेचते थे। सेठ चमन लाल इस मंडी का माना हुआ व्यापारी था।

ब्रिटिश हकूमत ने अपनी स्थिति मजबूत बनाने के लिए भारत में जगह जगह पर अपने शस्त्रागार खोलने शुरू कर दिए। इसके लिए उन्होंने किसानों की उपजाऊ जमीनों को हथियाना शुरू कर दिया। लाख विरोध के बावजूद, इसके लिए फरूखनगर के आस पास के

किसानों की जमीन भी बच न सकी तथा अंग्रेजों के कब्जे में चली गई। शस्त्रागार को सुचारू रुप से चलाने के लिए अंग्रेजी हुक्मरानों ने देहली से फरूखनगर के लिए एक रेलगाड़ी भी चला दी। दलील यह दी गई कि वह रेलगाड़ी फरूखनगर के वासियों के आवागमन में सहायक सिद्ध होगी। कुछ दिनों तक तो फरूखनगर वासियों को भी लगा कि वह रेल सेवा उनका उद्धार करेगी परंतु धीरे धीरे वह उनके लिए एक अभिशाप बनती महसूस होने लगी। क्योंकि अब फरूखनगर की मंडी में किसान जो भी माल लाते थे ब्रिटिश सरकार के नुमाईन्दे उसे औने-पौने भाव में खरीद कर रेल द्वारा अंग्रेजों के बनाए अनाज भंडारों में भेज देते थे। इससे न केवल किसानों का बल्कि वहाँ के व्यापारियों का भारी नुकसान होने लगा। मंडी में व्यापारियों का कारोबार इस कदर ठप्प हुआ कि वहाँ के लोगों ने अपनी जीविका चलाने के लिए अन्यत्र कहीं कोई काम काज ढूँढने के लिए वहाँ से पलायन शुरू कर दिया।

सेठ चमन लाल को भी फरुखनगर छोड़ने को मजबूर होना पड़ा। क्योंकि इस स्थिति में वे पत्नी, तीन बेटों एवं दो बेटियों का भरा पूरा परिवार का खर्चा चलाने में अपने को असमर्थ पा रहे थे। हालाँकि उनके तीनों लड़के पूरी तरह व्यस्क थे तथा दो लड़कों की शादी भी हो चुकी थी परंतु मंडी में उनका अच्छा करोबार होने की वजह से सभी के सभी मंडी के काम में ही लगे थे। वे हर प्रकार से समृद्ध तथा बेफिक्र थे। उन्हें अच्छा खाना मिल रहा था, अच्छा पहनना तथा घर में भी हर प्रकार की सुविधा थी। उन्होंने सपने में भी नहीं सोचा था कि कभी उन्हें धन का अभाव भी देखना पड़ेगा। कहते हैं बुरे दिन कह कर नहीं आते। अचानक अपने ऊपर आई इस विपदा को भाँप कर चमन लाल बौखला उठे परंतु कर भी क्या सकते थे। फरूखनगर के और बहुत से वासियों की तरह चमन लाल ने भी वहाँ से पलायन

करना ही उचित समझा। अपनी किस्मत आजमाने के लिए उन्होंने अपने पूरे परिवार के साथ पंजाब के ही प्रसिद्ध शहर अमृतसर को अपना नया ठिकाना बनाया तथा वहाँ जाकर बस गए। इतने रुपये तो उनके पास थे कि अपने परिवार के सिर छुपाने के लिए वे एक छोटा सा मकान खरीद सकें। अतः उन्होंने एक मकान खरीद लिया जो कमला गेट पुरानी बजाजी मार्किट की एक तंग गली के आखिरी छोर पर था।

चमन लाल के परिवार के लिए अमृतसर एक बिल्कुल अजनबी शहर था। उनके अपना मकान हो जाने से इतना जरूर हुआ कि वहाँ के पुराने वाशिन्दों ने उन्हें अजनबी की निगाहों से न देखकर जल्दी ही वहाँ के मूल निवासियों की तरह अपना लिया। सामाजिक दृष्टि से तो चमन लाल के परिवार ने अपनी जगह बना ली परंतु आर्थिक दृष्टि से वे पिछड़ने लगे। बाजार में उन्हें कोई नहीं जानता था अतः उनको काम मिलने की समस्या बड़ी समस्या बन गई। हरी चन्द तथा दीन चन्द ने तो परिवार को कुछ सहारा देने के लिए अपनी साख से समझौता करके एक हलवाई के यहाँ नौकरी कर ली तथा घर का खर्चा चलाने लगे। परंतु नेक चन्द की नजर में इस किस्म के काम उसके रूतबे के सामने बहुत बौने थे अतः उसे पसन्द न थे।

फरूखनगर में नेक चन्द को दंड पेलने तथा दूध और मेवे खाने के अलावा कोई काम न था। वह एक गबरू जवान था। अच्छे अच्छे पहलवानों को वह पटखनी खिला चुका था। अमृतसर आकर भी उसके वही शौक थे परंतु अब उन्हें पूरा करने के लिए पैसा नहीं था। पैसा एक ऐसी चीज है जो आसानी से कोई देता नहीं तथा आसानी से कमाया भी नहीं जाता।

नेक चन्द के दिमाग में एक खुराफाती युक्ति ने जन्म लिया। उन्होंने अपनी जवानी तथा ताकत का रोब दिखाकर अपना उल्लू

सीधा करने की ठान ली। अब वे बाजार में जब चाहे किसी से ही भीड़ जाते। उसे ऐसी मार मारते कि उसकी तौबा बुला देते। उन्हें अपने को जुआरी, शराबी, कबाबी, गुंडा तथा उच्च दर्जे का स्मगलर साबित करने में अधिक समय नहीं लगा। जब उनका नाम चर्चित हो गया तथा बाजार के लोग उनसे भय खाने लगे तो मौके का फायदा उठाते हुए अपने रोब के बलबूते पर उन्होंने पुरानी बजाजी मार्किट के बड़े चौक के बीचों बीच एक खोखा रखवाने में देर न लगाई। किसी की हिम्मत न थी कि उसके खिलाफ कोई आवाज उठा सके। नाम को तो यह एक खोखा था परंतु वास्तव में एक लम्बी चौड़ी दुकान थी। नेक चन्द ने अपनी हलवाई की दुकान स्थापित करने के बाद सब खुराफाती धंधे छोड़ दिए और अपने परिवार के साथ पहले की तरह शालीनता तथा सज्जनता से, सुखमय जीवन व्यतीत करने लगा।

हरी चन्द ने अपना एक वारिस पाने के लिए तीन शादियाँ की परंतु उसकी यह मनोकामना पूरी न हो सकी। वह दो लड़कियों का बाप बना। दोनों लड़कियों की शादी करने के बाद वह भगवान को प्यारे हो गए। उनसे छोटा भाई दीन चन्द इतना सादा तथा भोला था कि उसे दीन दुनिया की चालाकी बिल्कुल नहीं आती थी। हाँलाकि वह एक पूर्ण मर्द था तथा अपना खर्चा खुद चलाने में समर्थ था परंतु उसके घर वालों की विचार धारा के अनुसार वह अपनी पत्नी की रखवाली करने में असमर्थ साबित होता। अतः दीन चन्द कुंवारा ही रह गया। इस बारे में दीन चन्द ने भी कभी कोई विरोध नहीं किया जो उसकी शादी के बारे में कुछ सोचा जाता। वैसे कभी कोई शादी होती पटाखें फोड़े जाते या रोशनी की जगमगाहट होती तो उनके मुख से उनके दिल से निकलती आह भरी भडांस से, यहीं सुनने को मिलता, "चटक चाँदनी रात तारा कोई कोई औरों के तो चान्दन हमारे

अंधेर हुई।" देखा जाए तो वास्तव में ही वह हर मायने में अपने नाम को सार्थक करता था।

समय का पहिया अपनी गति से चलता रहा तथा देखते ही देखते 30 वर्ष व्यतीत हो गए। इस बीच नेक चन्द ने अपने जीवन के बहुत से उतार चढ़ाव के साथ-साथ बहुत से बदलाव देखे। पहले तो हालात की वजह से मजबूरी में उसे अपनी जन्म भूमि अर्थात फरूखनगर छोड़ना पड़ा था परंतु अब अपने बुढ़ापे तथा बच्चों के कारण अमृतसर भी छोड़ना पड़ा था। क्योंकि नेक चन्द के बच्चे जवान हो गए थे। वह पोते पोतियों वाला हो गया था। उनके तीन लड़के एक से बढ़कर एक धनाढय थे। तीनों लड़कों के पास किसी चीज की कोई कमी न थी। तीनों लड़के अमृतसर छोड़कर दिल्ली में आ बसे थे। अतः अपने माता-पिता को साथ ले आए थे। नेक चन्द के चौथे लड़के, विजय कुमार जिसने अभी दसवीं पास की थी को भी देहली आना पड़ा था।

आज देहली गुड़गाँवा रोड़ पर एक फार्म हाऊस, जो नेक चन्द के मंझले लड़के का अपना था बहुत ही सुन्दर ढंग से सजाया गया था। मौका था नेक चन्द के पोते अर्थात उसके बड़े लड़के के बेटे की सगाई की रस्म का होना। फार्म हाऊस के बाहर चारों ओर पहरा दे रहे सुरक्षाकर्मियों की तादाद से अन्दाजा लगाया जा सकता था कि अति विशिष्ट व्यक्तियों को भारी तादाद में निमंत्रण पत्र भेजे गए होंगे। पंडाल के अन्दर काफी भीड़ थी जो पल-पल बढ़ती ही जा रही थी। समारोह में आए हुए मेहमान पंडाल के अन्दर तीन गुटों में बंटे प्रतीत हो रहे थे।

पहले गुट का आधिपत्य डाक्टर सुरेश कुमार गुप्ता सेठ नेक चन्द के सबसे बड़े लड़के, संभालते प्रतीत हो रहे थे। वे आने वाले मेहमानों का स्वागत, बड़ी मासूमियत एवं चेहरे पर मधुर वास्तविक मुस्कान लिए, करते नजर आ रहे थे। वे आगंतुक का पहले तो हाथ

जोड़कर अभिवादन करते फिर 'गुड़ इवनिंग सर' कहते हुए धीरे से हाथ मिलाकर उन्हें बैठने का न्यौता दे रहे थे। आने वाले मेहमान अधिकतर डाक्टर सुरेश कुमार गुप्ता की तरह थोड़ा गंजापन लिए थे। हालाँकि उन सभी ने ठंड से बचने के लिए सूट पहने हुए थे परंतु ऐसा मालूम पड़ता था कि उनमें से किसी ने भी अपनी वेशभूषा की मैचिंग पर अधिक ध्यान नहीं दिया था। उनकी बातों से पता चलता था कि उनमें से कोई भी अपने मुँह मियाँ मिट्ठू नहीं बन रहा था। वे सभी अधिकतर साईस के विषयों पर ही चर्चा कर रहे थे। नई-नई खोज ही उनका विषय था। उनका खान पान भी लगभग एक जैसा ही था। वे फल, फलों का जूस व आईसक्रीम जैसी वस्तुओं को ज्यादा पसन्द कर रहे थे। वे सभी काफी पढ़े लिखे तथा अपने अपने महकमें के उच्चाधिकारी मालूम पड़ रहे थे। हंसी मजाक के दौर में भी उनकी ठहाकेदार हंसी सुनने को न मिली।

दूसरे गुट का सरगना, चार बन्दूकधारियों से घिरा, विनोद कुमार गुप्ता प्रतीत होता था। वह लम्बा चौड़ा एक गबरू जवान दिख रहा था। उसकी चौड़ी छाती तथा हाथों की बलिष्ठ माँस पेशियाँ उसकी पहनी हुई कमीज को फाड़कर बाहर आने को बेताब नजर आ रही थी। उसकी तरफ आने वाला हर व्यक्ति अधिकतर उसके खुद की तरह डीलडौल रखने वाला ही था। विनोद आगंतुक से बड़ी मुस्तैदी से एक हाथ मिलाता तथा दूसरा हाथ उसके कंधे पर रख कर जोर से हिलाता जैसे मापना चाहता हो कि अभी भी आगंतुक के अन्दर पहले जैसी ताकत बाकी है या फिर समय ने उसके शरीर पर अपनी छाप छोड़नी शुरू कर दी है। आगंतुक भी उसी गर्मजोशी के साथ विनोद का उत्तर देने की कोशिश करता नजर आता था। इस गुट की तरफ आने वाले लोग शरीर पर कसे हुए कपड़े पहन कर आ रहे थे। या यह भी कहा जा सकता है कि उनके शरीर इतने कसे हुए थे कि

उनका पहना हुआ कपड़ा ही कसा हुआ नजर आता था। हालाँकि वातावरण में थोड़ी ठंड का आभास हो रहा था परंतु इनमें से किसी को भी इसकी परवाह न थी। उनमें से कोई भी आदमी गर्म कपड़ा नाम को भी न पहने था।

इस गुट के हर व्यक्ति के आर्कषण का केंद्र वहाँ पर चल रहा "बार" ही था। उनके जाम से जाम टकरा रहे थे तथा पैग पर पैग खाली हो रहे थे। साथ में चल रहा था काजू, नमकीन तथा माँसाहारी टिक्का इत्यादि। पीने पिलाने में कोई किसी से पीछे नहीं रहना चाहता था। उनके बीच चल रहे वार्तालापों के विषय भी ऐसी बातों पर ही केंद्रित थे कि किसने कितनों का सफाया किया। या खून करके भी वह अभी तक आजाद घूम रहा है। पकड़ना तो दूर किसी की माँ ने इतना दूध नहीं पिलाया कि उसका बाल भी बाँका कर सके। मसलन सभी अपने को एक से बढ़कर एक बड़ा उस्ताद साबित करना चाहता था। इनमें सभी ने अपने शरीर में कहीं न कहीं कोई न कोई हथियार छुपा रखा था। बार के साथ पंडाल के एक कोने में डाँस बालाओं का प्रोग्राम भी शायद इन्हीं लोगों के मनोरंजन के लिए रखा गया था।

तीसरे गुट का संचालक कमल किशोर कर रहा था। उसकी तरफ आने वाले व्यक्ति अधिकतर ढीले ढाले कपड़े पहने आ रहे थे। वे कुर्ता-धोती, कुर्ता-पाजामा, तथा अचकन-पाजामा इत्यादि पहने थे। इन पहनावों के उपर सर्दी से बचने के लिए ज्यादातर लोगों ने लोई, गर्म चादर या शाल का सहारा लिया हुआ था। उनके शरीर के डिलडौल में तथा और दूसरे आए मेहमानों के शरीर की बनावट में काफी अंतर मालूम पड़ता था। इस गुट के 60 प्रतिशत लोग थुल-थुल शरीर के थे। उन्होने अपना आदर भाव राम-राम जय श्री कृष्णा या राधे राधे उच्चारण करके जाहिर किया। इस औपचारिकता के बाद वे आते ही पंडाल में बिछे सोफों में धंस जाते थे। उन्होने

अपनी रूचि चाट पापड़ी, आलू की टिक्की, चीला, दही-भल्ले इत्यादि की ओर अधिक दिखाई। उनके बीच वार्तालाप का विषय भी अधिकतर व्यापार के रुझान पर ही केंद्रित था। बीच बीच में इधर उधर की बातों के मध्य शादी-ब्याह एवं नए रिश्तों के बारे में भी चर्चा हो रही थी। नई सरकार की नीतियों को लेकर व्यापार में क्या उठा पटक होने का अंदेशा है वह चर्चा का विशेष बिन्दु था।

समारोह में सम्मिलित मेहमानों का एक छोटा सा तबका ऐसा भी था जो ऊपर लिखित तीनों गुटों में से किसी से भी जुड़ा नजर नहीं आ रहा था। वे अपने को केवल मूक दर्शक की तरह ही महसूस कर रहे थे। विजय नेक चंद का सबसे छोटा बेटा, भी इसी भीड़ का एक हिस्सा बनकर रह गया था। वह इस समय एक निरीह तथा आश्रित व्यक्ति था अतः उसकी ओर किसी का ध्यान न था। इन्हीं लोगों में फुसफुसाहट तैर रही थी कि देखो एक बाप के तीन बेटे हैं परंतु उनकी कार्य शैली के रास्ते अलग अलग होते हुए भी आज तीनों ही अपने अपने कार्य क्षेत्र में शीर्ष पर हैं। अमूमन औलाद अपने बाप के कार्य क्षेत्र को बढ़ावा देती है परंतु यहाँ तो एक लड़के ने भी अपने पिता जी के कार्य क्षेत्र को नहीं चुना। फिर भी न जाने उन्हें कहाँ से प्रेरणा मिली होगी कि वे सभी इतनी उचाईयाँ छू गए हैं। एक पत्रकार ने इस राज का पर्दाफाश करने की ठानी तथा वह एक एक करके तीनों भाईयों से उनके जीवन के इस छुपे पहलू को उजागर करने के लिए उनसे पूछताछ करने लगा।

पत्रकार सबसे पहले बड़े भाई सुरेश कुमार से मुखातिब होते हुए, "श्रीमान जी क्या मैं आपसे कुछ प्रश्न पूछ सकता हूँ?"

"क्यों नहीं। क्यों नहीं। पूछिए आप क्या पूछना चाहते हैं।"

थोड़ी दबी आवाज में पत्रकार ने अपना प्रश्न किया, "आपके पिता जी अमृतसर में एक छोटे से हलवाई थे?"

"हाँ, तब?"

"आप एक उच्च कोटि के सफल वैज्ञानिक हैं?"

"हाँ तो?"

"यह सब कैसे हुआ, आपको इसकी प्रेरणा कहाँ से मिली?"

डाक्टर सुरेश ने बिना किसी झिझक से कहा, "अपने बाबू जी से।"

पत्रकार को सुनकर जैसे यकीन ही न हुआ हो वह आश्चर्य से एकदम बोल उठा, "अपने बाबू जी से।"

जैसे डॉक्टर सुरेश कह रहे हों कि इसमें आश्चर्य की कोई बात नहीं है उन्होने अपना उत्तर शांत भाव से दोहराया, "हाँ अपने बाबू जी से।"

पत्रकार के साथ साथ सभी दर्शक भी यह जानने ले लिए लालायित नजर आ रहे थे कि कैसे एक छोटे से हलवाई के बेटे ने इतनी तरक्की पाई होगी। अतः पत्रकार ने जल्दी से पूछा, "कृपा बताईये कि आप को अपने बाबू जी से कैसे प्रेरणा मिली थी?" डॉक्टर सुरेश ने खुलासा करते हुए कहा जब हम अमृतसर आए थे तो मैं नवीं कक्षा में पढ़ता था। अमृतसर में हमें मकान तो मिल गया परंतु मेरे पिता जी के पास इतने पैसे नहीं बचे थे कि कोई अच्छा सा काम शुरू किया जाता। घर का खर्चा सुचारू रूप से चलाना भी मुश्किल हो रहा था। मेरे पिता जी बलिष्ठ एवं बहुत ताकतवर तो थे परंतु बहुत भोले भाले तथा सज्जनता उनमें कूट कूट कर भरी हुई थी। इतने बड़े अजनबी शहर में अपने को प्रतिष्ठित करना नाकों चने चबाने के बराबर था। कमजोर एवं भले मानस का न तो जमाना कभी रहा तथा न अब था। अतः मेरे पिता जी ने जिसकी लाठी उसकी भैंस का फार्मूला अपनाते हुए तथा जायज, ना-जायज में कोई फर्क

महसूस न करते हुए अपना उल्लू सीधा करने का सफर शुरू कर दिया।

मैं इस समय तक क्या गलत है और क्या सही है में फर्क करने लायक हो गया था। हालाँकि मेरे बाबू जी अपने मकसद में कामयाब तो हुए परंतु मेरे दिल ने यह गवारा नहीं किया कि मैं उनके पद चिन्हों पर चलूँ। क्योंकि बचपन से मेरे मन में जो नींव रखी गई थी वह एक निहायत सज्जन, सीधे साधे, ईमानदार तथा एक मेहनती इंसान द्वारा रखी गई थी। अतः अपने बाबू जी की उस निश्छल छवि, जो मेरे रोम रोम में बसी हुई थी, को ध्यान में रखते हुए मैं ग्यारहवीं पास करके वजीफे के दम पर इलाहाबाद विश्व विद्यालय से साईंस में पी.एच.डी. करने में सफल हो गया। और अब आपके सामने नेशनल फिजिकल लेबोरेट्रीज के डायरेक्टर के पद पर आसीन हूँ।

पत्रकार डॉक्टर सुरेश का धन्यवाद करता हुआ उनके छोटे भाई विनोद के पास पहुँचा। विनोद ने भी यही कहा कि उसके प्रेरणा स्त्रोत भी उसके बाबू जी ही है। उसने अपनी कहानी बयान करते हुए कहा कि वह डाक्टर सुरेश से दो वर्ष छोटा है। बाबू जी को अपना उल्लू सीधा करने के लिए जायज या ना–जायज रास्ते में कोई फर्क मालूम नहीं पड़ता था। जिस तरह से भी उनका काम सिद्ध हो जाता था उनके लिये वहीं रास्ता जायज रास्ता होता था। और मैनें देखा कि शाम, दंड, भेद–भाव, निडरता तथा अपनी लाठी की ताकत से उन्होंने अपने को जल्दी ही अच्छी तरह स्थापित भी कर लिया था। उनके नक्शे कदम पर मैनें घर से ही शुरूआत कर दी। शाम को जब तक मुझे चार पावली (चवन्नी या दो धेली (अठन्नी) नहीं मिल जाती थी मैं बुए (दरवाजे) की शंकल पकड़कर बजाता ही रहता था। मुझे पिटाई से भी डर लगना बन्द हो गया था अतः मैं पक्का ढीठ हो गया

था। ज्यों ज्यों मैं बड़ा होता गया मेरा दायरा अमृतसर के बाजार में बढ़ने लगा। ऐसे वातावरण में पढ़ने की किसे सूझती अतः दसवीं कक्षा भी मुश्किल से पास कर पाया। धीरे धीरे मैं अमृतसर की कमला बजाजी मार्किट के इलाके का डॉन कहलाने लगा। अब मेरी मर्जी के बिना वहाँ पत्ता भी न हिलता था। परंतु भिंडर वाले के खिलाफ ब्लू स्टार आप्रेशन के दौरान मजबूरन मुझे अमृतसर शहर छोड़ना पड़ा।

उस समय देहली का पालम इलाका बियाबान जंगल की तरह था। मैनें यहाँ आकर अपने पाँव पसारने शुरू कर दिए और जितनी हो सकती थी जमीन खरीद ली। एक तरह से अब इस इलाके में मेरी ही मनमानी चलती है तथा इस दबदबे को बनाए रखने के लिए मुझे ये सब (अपने गार्डो की तरफ इशारा करते हुए) ताम झाम की जरूरत पड़ती है।

जब तीसरे लड़के कमल किशोर से इस बारे में पूछा गया तो उसने भी अपना प्रेरणा स्त्रोत अपने बाबू जी को ही ठहराया। उसने बताया कि वह विनोद से आठ साल छोटा है। जब उसने होश सम्भाला तो उसके बाबू जी का हलवाई का काम कमला गेट के अन्दर पुरानी बजाजी मार्किट के चौंक में सुचारू रूप से चल रहा था। मेरे बाबू जी सुबह से शाम तक खूब मेहनत करते थे। फिर भी घर का खर्चा ही पूरा हो पाता था। मेरे बड़े भाई सुरेश तो इलाहाबाद में पढ़ रहे थे तथा विनोद अभी अपने पैर जमाने में ही मशगूल था अतः मेरे बाबू जी को ही अकेले सारे काम करने पड़ते थे। अपने बाबू जी की मेहनत को देखते हुए मैनें महसूस किया कि मुझे किसी और तरह का काम करना चाहिए जो हमारी आर्थिक तंगी को खत्म कर सके। अतः मैनें लुधियाना, जालंधर तथा अमृतसर की कपड़ा मिलों से सम्पर्क करके गर्म कपड़ों का व्यापार शुरू कर दिया। उन दिनों

अमृतसर में गर्म कपड़ों पर जम्मू एवं कशमीर के लेबल लगाकर खूब व्यापार हो रहा था। मैनें भी वही राह पकड़ ली। जब मेरे दोनों बड़े भाई देहली में रहने लगे तो मैनें भी अमृतसर छोड़ दिया परंतु तब तक मैं दिल्ली की चान्दनी चौक मार्किट में थोक की चार दुकानें स्थापित कर चुका था। इसलिए यहाँ भी मेरा व्यापार बहुत अच्छा चल रहा है।

हालाँकि अब विजय सरकारी नौकरी में एक क्लर्क के पद पर कार्यरत था परंतु उसकी यह उपलब्धि अपने दूसरे भाईयों की उपलब्धियों के आगे पहाड़ के सामने ऊँट के समान थी। अमूमन लोग उन्हीं को उजागर करते हैं जो धनाढ्य हो तथा जिसकी तूती बोलती हो। पत्रकार को या तो पता नहीं चला कि विजय भी उन तीन हस्तियों का छोटा भाई है या फिर जानकर उसने विजय का इंटरव्यू लेना उचित नहीं समझा। कारण कुछ भी रहा हो विजय उस एकत्रित जन समूह की नजरों से विलिन ही रह गया।

टेलीविजन स्क्रीन पर चल रहे इस वार्तालाप को वहाँ उपस्थित सभी मेहमानों ने देखा तथा सुना। सभी आश्चर्य चकित थे कि तीनों लड़कों के व्यवहार पहनावे, रहन-सहन, दिनचर्या, सामाजिक बंधन, शिक्षा स्तर, एवं विचारधाराएँ एक दूसरे से बिल्कुल भिन्न होते हुए भी तीनों का प्रेरणा स्त्रोत एक ही है, उनके बाबू जी। शायद, समय के अनुसार, उनके बाबू जी का बदलता आचरण ही उनके प्रेरणा स्त्रोत का आधार स्तम्भ बना।

नेक चन्द जब अपने पिता जी के साथ फरूख नगर छोड़कर अमृतसर आए थे तब वे बहुत भोले-भाले, सज्जन एवं सच्चे इंसान थे। सुरेश उस समय तक अपने जीवन का लक्ष्य निश्चित कर चुका था। हाँलाकि नेक चन्द ने अपने को स्थापित करने के लिए उसके सामने ही कुराफाती धंधे शुरू कर दिए थे परंतु सुरेश पर उसका अधिक परछावा नहीं पड़ा। वह जल्दी ही अमृतसर छोड़कर इलाहाबाद

यूनिवर्सिटी में पढ़ने के लिए चला गया था। वहाँ अमृतसर की परिस्थितियों से बे-खबर पी.एच.डी. करके वह एक साईंटिस्ट बन गया।

विनोद ने अपने बाबू जी की जुझारू जिन्दगी पूरी तरह से देखी थी। उसने महसूस भी किया था कि अपने को अच्छी तरह स्थापित करने के लिए अपनी लाठी में दम रखने की बहुत आवश्यक्ता होती है। अतः विनोद अपने बाबू जी की उन दिनों की स्थिति से प्रेरणा लेकर उसी राह पर चल दिया।

कमल किशोर के होश सम्भालते-2 नेक चन्द अपना मकसद हासिल करने के बाद वापिस अपने फरूखनगर वाले आचरण पर आ गया था। अब कमल किशोर ने अपने बाबू जी के सरल स्वभाव से प्रेरणा लेते हुए बजाजी मार्किट के बड़े-बड़े सेठों के दिल में जगह बना ली। सेठों के यहाँ उठना बैठना शुरू करके उसने व्यापार के गुर सीख लिए और एक सफल व्यापारी बन गया।

जब तक विजय का अपने पैरों पर खड़ा होने का नम्बर आया तब तक नेक चन्द अपना हलवाई का काम त्याग चुके थे। क्योंकि अपनी बढ़ती उम्र के साथ अब अकेले वे इतनी मेहनत करने में असर्थ थे जो उस काम के लिए जरूरी थी। उनके तीनों बड़े लड़के अपने अपने काम को देहली में स्थापित एवं सुदृढ़ करने में जुटे थे अतः उनके पास समय ही कहाँ था कि घर वालों की ठीक से देखभाल कर सकते। विजय अभी छोटा था। एक तरह से देखा जाए तो नेक चन्द अब अपने बड़े लड़कों के आश्रित से हो गए थे। ऐसे वातावरण में विजय कुछ बड़ा करने में असमर्थ था तथा पड़ोसियों की तथा अपने घर की अन्दरूनी स्थिति को भाँपते हुए उसने अपना पक्का इरादा बना लिया था कि वह किसी के आश्रित नहीं रहेगा। यह तो उस पर भगवान की कृपा दृष्टि समझो कि वह देहली में सरकारी नौकरी पा

गया था तथा वास्तव में अब किसी पर आश्रित न था।

चारों भाईयों के रवैये से यह सिद्ध होता है कि प्रेरणा स्त्रोत कई प्रकार के हो सकते हैं।

मसलन धन, प्रसिद्धि, डर, सामाजिक बंधन, आंतरिक या अंतरात्मा से किसी काम को करने की मन में बलवती होती इच्छा। इन कारणों से मन में जागृत हुई अभिलाषा से मनुष्य फल की इच्छा को नजर अन्दाज करते हुए कर्म करने में तत्पर हो जाता है। वह अपने लक्ष्य को प्राप्त करने पर ही संतुष्टि महसूस करता है। कहा गया है कि एक आदमी उसकी संगत से, समय की परिस्थिति और उस अवस्था का वक्त जब वह मनुष्य अपना निर्णय लेने में अपने आपको सक्षम समझने लगता है, पहचाना जाता है। अर्थात आदमी की वर्तमान संगत ही उसकी प्रेरणा स्त्रोत बनने में अहम भूमिका निभाती है।

नहले पे दहला

अक्टूबर का महीना समाप्त होने को था। वर्षा ऋतु पूरी तरह से समाप्त हो चुकी थी। मन्द-मन्द ठंडी हवा के बहने का आभास होने लगा था। पता चलता था कि जल्दी ही सर्दी का मौसम दस्तक देने वाला है। सुरेश अपनी छुट्टियाँ समाप्त करके वापिस अपनी नौकरी पर जा रहा था। उसने नई देहली से सुबह पंजाब मेल पकड़ी थी। दो महीनें घर वालों के साथ रहते कब कट गये पता ही न चला था। अब उनसे जुदा होने पर मन कुछ उदास सा था। अतः वह ऊपर की सीट पर चढ़कर लेट गया तथा घर के विचारों में ऐसा खोया कि उसे पता ही न चला कि उसे कब नींद आ गई।

दोपहर का एक बजा होगा कि डब्बे के एक कोने पर जोर-जोर से किसी के बोलने से उसकी निद्रा टूट गई। सीट पर लेटे ही लेटे उसने करवट बदली तथा उस तरफ देखने लगा जिस तरफ से बोलने की आवाजें आ रही थी। वहाँ से उसे कुछ समझ नहीं आया कि क्या हो रहा था अतः वह सीट से उतर कर उस भीड़ में शामिल हो गया जहाँ से शोर आ रहा था।

सुरेश ने देखा कि एक बूढ़ा व्यक्ति टी.सी. से कह रहा था, ''साहब यह टिकट मेरा है।''

परंतु एक जवान लड़का उसका विरोध करते हुए टिकट को अपना बता रहा था, ''नहीं-नहीं। साहब यह टिकट मेरा है।''

बूढ़े ने अपनी दलील पेश करते हुए, "साहब यह टिकट मैनें तुम्हें अपनी जेब से निकाल कर अभी दिया है।"

"ताऊ दिया तो आपने ही है परंतु यह लड़का कैसे कह रहा है कि यह टिकट उसका है?"

"मैं क्या जानूँ।"

टी.सी. ने छानबीन करने हेतू पूछा, "तुम्हारा नाम क्या है, लड़के?"

"जी, अजय।"

"अजय तुम कहते हो कि यह टिकट तुम्हारा है जो मुझे ताऊ ने पकड़ाया है।"

"यस, सर।"

"अच्छा तो बताओ तुम्हारे पास क्या सबूत है कि यह टिकट तुम्हारा है?"

अजय बड़े ही विश्वास से बोला, "सबूत है सर।"

"क्या सबूत है?"

"सर इस टिकट के एक कोने पर पान का निशान होगा क्योंकि पान खाते हुए मेरे दाँत में कुछ अटक गया था तब मैनें टिकट के उस कोने से अपने दाँत की सफाई की थी।"

टी.सी. ध्यान से टिकट को देखते हुए, "अरे सचमुच इस टिकट के एक कोने पर तो पान का निशान लगा हुआ है।"

"आपने देख लिया सर, यह टिकट वास्तव में ही मेरा है। यह बूढ़ा झूठ बोल रहा है कि टिकट उसका है।"

"ताऊ आपको शर्म आनी चाहिये। इतनी उम्र में भी आप ऐसा हेरा फेरी का काम करते हो। अगर आपकी उम्र का लिहाज न होता तो मैं अभी आपको पुलिस के हवाले कर देता।"

बूढ़ा आँखों में आँसू भर लाया। उसकी जुबान को जैसे ताला लग गया था। उसमें बोलने की कुछ शक्ति ही नहीं रह गई थी क्योंकि सैकड़ों नजरों के सामने उसे जलील जो होना पड़ रहा था। फिर जैसे उसने किसी तरह साहस बटोरा और उसके मुँह से निकला, "हे भगवान इस लड़के को माफ कर देना।"

इसके बाद बूढ़े ने अपनी जेब से और पैसे निकाले तथा जुर्माना देकर दूसरा टिकट बनवा लिया। आहिस्ता-आहिस्ता भीड़ छंट गई

सुरेश को बूढ़े के मुँह से निकले शब्द 'हे भगवान इस लड़के को माफ कर देना' विचलित कर गये। उसने अपना मन बना लिया कि कहीं न कहीं कुछ गड़बड़ अवश्य है। वह बूढ़ा दोषी नहीं हो सकता। अतः उसने इस बात की तह तक जाने की ठान ली।

अजय भी अब तक अपने साथियो के बीच जा बैठा था। टी. सी. ने आगे टिकट चैक करने शुरू कर दिए थे। सुरेश उसके पीछे था। सुरेश ने उन सभी लड़कों के टिकट नम्बर, जो अजय के साथियों के पास थे, अपने मन में उतार लिये थे। वह टिकट नम्बर जो अजय के पास था वह भी सुरेश ने देख लिया था। मिलान करने पर सुरेश ने पाया कि अजय के पास जो टिकट था उसका नम्बर उसके दोस्तों के टिकट से बहुत पहले का था।

सुरेश ने कुछ सोचकर, "ताऊ, चलो आप हमारे पास चलकर बैठो।"

"नहीं बेटा मैं यहीं ठीक हूँ।"

"यहाँ अजय को सामने देखकर आपको गुस्सा आता रहेगा।"

नहीं बेटा जो होना था वह हो गया। शायद पिछले जन्म का मेरे ऊपर इसका उधार रहा होगा।"

सुरेश ने जोर देकर बूढ़े की बाँह पकड़ते हुए, "उधार कोई इस तरह चुकता थोड़े ही किया जाता है। और फिर जो होना था वह तो हो गया परंतु जो अभी होना है वह भी तो होना चाहिए।"

बूढ़े ने सुरेश की बातों का कुछ सिर पैर न समझते हुए, "बेटा तुम्हारी बातें मेरी तो कुछ समझ नहीं आ रही।"

"चलो ताऊ चलो, आप से कुछ बातें करेंगे। आपका मन भी कुछ हल्का हो जाएगा।" सुरेश ताऊ को अपने पास बैठने की जिद इस लिये कर रहा था क्योंकि उसे पक्का विश्वास हो गया था कि अजय ने कुछ चालाकी अवश्य की थी जो वह जानना चाहता था।

बूढ़ा सुरेश की जिद के आगे हार मानते हुए तथा अपना थैला उठाते हुए, "अच्छा बेटा अगर तू नहीं मानता तो चल।"

और वह सुरेश की सीट के पास आकर बैठ गया।

सुरेश अपने तजुर्बे से या कहो अपनी एयरफोर्स की ट्रेनिग के मुताबिक जानता था कि गुनाहगार अपने शिकार को देखने दोबारा अवश्य जाता है जिसके साथ या जहाँ उसने गुनाह किया हुआ होता है। यही सोचकर वह बूढ़े को अपने पास ले आया था। सुरेश का दिमाग इस वाक्य के बारे में कई पहलुओं पर विचार कर रहा था।

जब उसने कुछ निश्चित कर लिया तो वह अपनी सीट से उठा तथा उन लड़कों के बीच जा बैठा जो अजय के साथी थे। बातों ही बातों में सुरेश ने पता कर लिया कि वे सभी लड़के बम्बई जा रहे थे। उनका वहाँ जाने का प्रोग्राम अचानक ही बना था। उनमें से दस लड़के तो गाड़ी छूटने के समय से काफी पहले ही आ गए थे परंतु अजय लेट हो गया था अतः उसने अपना टिकट बाद में अकेले ने खरीदा था।

अजय "बाद में आया था और टिकट नम्बर पहले का जानकर" सुरेश का माथा ठनका। वह अपनी सीट पर आया। एक बार फिर से, पूरा आश्वस्त होने के लिये, सुरेश ने टिकटों का मिलान किया। अब उसे पक्का विश्वास हो गया कि अजय ने बूढ़े को धोखा दिया था। एक बार तो सुरेश ने सोचा कि शोर मचाकर हंगामा खड़ा कर दे परंतु फिर संयम रखते हुए उसने विचार बनाया कि जैसे अजय ने बूढ़े को धोखा दिया है उसी प्रकार उसके साथ भी कुछ ऐसा ही करना चाहिए, जिससे उसे एक अच्छा सबक मिल सके।

इसके बाद सुरेश ने बूढ़े से वह सब जानना चाहा जिसके कारण उसे अपने ही टिकट से वंचित होना पड़ा था। बूढ़े ने जो कहानी बताई वह इस प्रकार थी।

मैं (बूढ़ा) देहली से गाड़ी में चढ़ा था। जब मैं इस डब्बे में आया था तो बहुत कम लोग इसमें बैठे थे। जैसे-जैसे गाड़ी के चलने का समय नजदीक आता गया डब्बा भरता गया भीड़ काफी बढ़ गई थी। समय पर जब गाड़ी ने चलने के लिये सीटी दे दी तो मैंने देखा कि एक लड़का (अजय) अपने कंधों पर एक बैग लटकाए प्लेटफार्म के गेट से दौड़ता हुआ अन्दर आया। इतने में गाड़ी चल दी तो वह इसी डब्बे में घुस आया क्योंकि यही डब्बा उसके सामने था। अजय पसीने से लथपथ हो रहा था। मैने उसे बच्चा समझते हुए थोड़ी सी जगह करते हुए अपने पास बैठने को कहा।

"बस बाबा आप आराम से बैठे रहो। मेरे कुछ और साथी हैं जो कहीं पीछे बैठे होंगे अत: अगले स्टेशन पर मैं उनके पास चला जाऊँगा।

"फिर भी जब तक अगला स्टेशन नहीं आ जाता तब तक तो बैठ ले।"

बैठते हुए। बाबा कहाँ से आ रहे हो।"

"यहाँ से चढ़ा हूँ।"

"बाबा क्या यहीं के रहने वाले हो।"

"हाँ देहली के ही एक गाँव नारायणा का रहने वाला हूँ।"

"नारायणा, नारायणा तो मेरा देखा हुआ है। वही न जो रिंग रोड़ पर पड़ता है।"

"हाँ, हाँ वही, वही। परंतु तुम तो दिल्ली के नहीं लगते।"

हाँ बाबा मैं देहली का रहने वाला नहीं हूँ। मैं कानपुर का रहने वाला हूँ।"

"तो अब तुम कहाँ जा रहे हो?"

मैं बम्बई जा रहा हूँ। मेरे और भी दस साथी हैं। अच्छा बाबा मेरा सामान देखना मै देखकर आता हूँ कि मेरे दूसरे साथी कहाँ हैं। फिर मैं आकर अपना सामान ले जाऊँगा।"

"अच्छा बेटा जा। सामान की चिंता मत कर मैं ध्यान रखूँगा।"

अजय चला जाता है तथा थोड़ी देर में ही वापिस आ जाता है। उसके चेहरे से ऐसा मालूम होता है जैसे वह किसी उलझन में था। कुछ उदासीनता भी उसके चेहरे से झलकती नजर आ रही थी।

बूढ़ा अजय को चिंतित देखकर, "मिल गये तेरे साथी?"

नहीं बाबा, वे शायद किसी आगे वाले डब्बे में बैठे होंगे क्योंकि पीछे तो मैं देख आया हूँ।

बूढ़ा सीट पर सरक कर थोड़ी जगह बनाते हुए, "तो फिर यहीं बैठ जा। जब किसी जंक्शन पर गाड़ी रूके तो तब देख आना।"

अजय बैठते हुए, "ठीक है बाबा। यहीं बैठता हूँ। अच्छा बाबा यह तो बताओ कि आप जा कहाँ रहे हो?"

"देवलाली।"

अजय आश्चर्य से, "देवलाली। यह भला कौन सी जगह हुई?"

"देवलाली, नासिक के पास है।"

"बाबा पहले तो मैनें यह नाम सुना नहीं। देखें आपके टिकट पर कैसे लिखा है?"

बूढ़ा जेब से टिकट निकाल कर देते हुए, ले देख। मेरा लड़का वहाँ रहता है उससे ही मिलने जा रहा हूँ।"

अजय टिकट को अलट पलट कर देखता है। उसके बाद वह टिकट के एक कोने को अपने दांतों के बीच ऐसे चलाता है जैसे उसके दांतों में पान का कुछ अटक गया हो और वह उसे टिकट के कोने से निकालने की कोशिश कर रहा हो। इस प्रकार टिकट का कोना पान के रंग में रंग जाता है। इसके बाद टिकट वापिस करते हुए, "हाँ-हाँ। ठीक है बाबा देवलाली ही है।"

इतने में ट्रेन आगरा पार करती है तो टिकट चैकिंग हो जाती है जिसमें मुझे दोषी करार दिया जाता है और मुझे जुर्माना भरना पड़ता है।

सुरेश ने बूढ़े की सारी बात सुनकर कहा, "ठीक है बाबा। मैं सब कुछ समझ गया।"

इतने में सुरेश ने देखा कि अजय अपने एक दोस्त के गले में हाथ डाले उसी ओर आ रहा है।

अजय एक प्रकार की व्यंगात्मक बोली से, "बाबा ठीक हो?"

बूढ़ा गुस्से में आते हुए, "बेटी चोद अब भी तुझे सब्र नही है?"

अजय जैसे बाबा ने कोई मूर्खता वाली बात कर दी हो हँसते हुए, "बाबा अभी तो मेरी शादी भी नहीं हुई है फिर बेटी कहाँ से आई?"

"कुम्मसल, जा चला जा नहीं तो", बूढ़े ने अपनी छड़ी उठा ली।

"क्या कर लोगे?"

बूढ़ा खड़ा हो गया। बात के बढ़ने से और लोग भी जमा हो गये। कुछ ने बूढ़े को समझाया तो कुछ अजय को समझाने लगे। सुरेश भी भीड़ में शामिल होकर दिखावे के लिये बीच बचाव करने लगा। उसने अपनी सोची हुई तरकीब के अनुसार अजय को बाँहों में भरकर दूर करने की कोशिश की तथा इसी दौरान अपना काम कर गया।

गाड़ी बबीना स्टेशन छोड़ रही थी। शाम घिर आई थी। मौसम थोडा ठंड़ा हो चला था। अतः अधिकतर यात्रियों ने हल्का फुल्का गर्म कपड़ा पहन लिया था या औढ़ लिया था। सुरेश ने अपने प्लान के मुताबिक यह समय उचित समझ कर अपने पास बैठे लोगों में यह बात फैला दी कि उसकी एक कमीज नहीं मिल रही है। धीरे-धीरे यह बात पूरे डब्बे में फैल गई।

एकः–भाई कमाल हो गया। सभी के बीच से कमीज गायब हो गई जैसे गधे के सिर से सींग।

दूसराः–अरे यहीं कहीं दबी होगी। ठीक से देखो।

सुरेशः–यार सब जगह देख ली कहीं मिल ही नहीं रही।

तीसराः–यहाँ तो कोई आया भी नहीं।

पहलाः–तो क्या उसे कोई भूत उठाकर ले गया।

दूसराः–अरे सुनो भाई। ग्वालियर पर तो यहाँ बहुत से लोग इक्ट्ठा हो गये थे जब अजय और ताऊ के बीच गर्मा गर्मी बढ़ गई थी।

तीसरा:—अरे हाँ। फिर तो पहले अपने आसपास अच्छी तरह खोजबीन करके देख लो। अगर नहीं मिलती है तो बारी बारी से उन सभी के पास जाया जाए जो यहीं उस समय आए थे।

सभी ने मिलकर सुरेश की कमीज की खोज शुरू कर दी। वे एक एक के पास जाते और कमीज की तहकीकात करते और न मिलने पर आगे बढ़ जाते। इस तरह वे अजय के साथियों के पास भी पहुँच गये।

पहला:—देखो भाई हमारे साथी सुरेश की एक कमीज गुम गई है।

अजय का एक साथी, "तो हम क्या करें?"

दूसरा यात्री, "हम करने को कुछ नहीं कह रहे।"

अजय का दूसरा साथी, "तो फिर यहाँ क्यों आए हो?"

तीसरा यात्री, "यह पता करने के लिये कि कहीं गलती से सुरेश की कमीज यहाँ तो नहीं आ गई।"

अजय का तीसरा साथी, हमें क्या चोर समझ रखा है?"

सुरेश बड़ी ही मासूमियत से बोला, "देखो भाई इसमें कुछ बुरा मानने की बात नहीं है। हमें इधर उधर नजर भर लेने दो अगर कमीज नहीं दिखाई दी तो हम चुपचाप चले जाएंगे।"

अजय अपने सभी साथियों की तरफ इशारा करते हुए, "ठीक है, ठीक है, इन्हें देख लेने दो।"

सुरेश इधर-उधर देखने का बहाना करके अजय की तरफ मुखातिब होकर, जरा अपनी जैकेट की चैन पूरी खोलना।"

"लो देख लो अच्छी तरह" अजय अपनी जैकेट की पूरी चैन खोल देता है।

सुरेश अपने साथ आए सभी साथियों से, "यही तो है मेरी कमीज।"

अजय एकदम आग बबूला होते हुए, "तेरा दिमाग तो खराब नहीं हो गया?"

सुरेश अजय के अन्दाज में, "चोर कहीं के। मुझे ही आँखें दिखाता है। एक तो चोरी ऊपर से सीना जोरी।"

शोरगुल सुनकर बहुत से लोग इकट्ठा हो जाते हैं। टिकट चैकर भी आ जाता है।

टिकट चैकरः—क्या बात है, कैसा शोर है?

"साहब यह लड़का जो कमीज पहने है वह मेरी है" सुरेश ने अपना हक जमाया।

"तुम्हारी है। तो फिर वह अजय ने कैसे पहन रखी है।"

अजय बीच में ही, "साहब यह आदमी झूठ बोल रहा है।"

"नहीं साहब मैं सच बोल रहा हूँ कि यह कमीज मेरी है।"

अजय तथा टी.सी. एक साथ, "अगर यह कमीज तुम्हारी है तो तुम्हारे पास इसका क्या सबूत है।"

"सबूत है श्रीमान जी। इस कमीज की जेब में मेरा विजिटिंग कार्ड होगा। आप खुद ही चैक कर लिजिए।"

टिकट चैकर अजय की जेब में हाथ डालता है। जेब में सचमुच एक कार्ड था वह भी सुरेश का विजिटिंग कार्ड। सभी देखने वाले जो उत्सुकता से देख रहे थे अचानक हतप्रद से हो जाते हैं। सभी अजय को ऐसी निगाह से देखने लगते हैं जैसे सचमुच ही उसने कोई नीचता का काम किया हो। लोगों के बुरे भले कटाक्ष सुनकर अजय नीची

गर्दन करके चुपचाप कमीज उतार कर सुरेश के हवाले करने लगता है।

''सुरेश अपने हाथ झटकते हुए, नहीं नहीं मैं अपनी कमीज इस तरह वापिस नहीं लूँगा। पुलिस को बुलाकर उचित कार्यवाही किजिए।''

सुरेश के सभी साथी, ''हाँ ऐसे चोर को तो सजा मिलनी ही चाहिये।''

अजय के सभी साथी, ''इसे माफ कर दो।''

सुरेश ने अपने मन की बात कही, ''माफी तो इसे उस बुजूर्ग से मांगनी होगी जिसका इसने विश्वास पात्र बनकर उसे धोखा दिया है। ताऊ ने तो भलमानसता दिखाते हुए इसे बैठने के लिये सीट दी और इसने ताऊ की शराफत का नाजायज फायदा उठाया। आप सभी ने देखा नहीं था कि अजय के कारण ताऊ ने कितनी बेईज्जती सहन की थी अगर ताऊ इसे माफ कर देगा तो हमें कोई एतराज नहीं होगा।''

पहलाः–केवल इतना ही नहीं इसे ताऊ के टिकट के पैसे भी लौटाने होंगे जो ताऊ ने जुर्माने के साथ भरे थे।

दूसराः–यही नहीं इसे कान पकड़कर सबके सामने कसम भी खानी पड़ेगी कि भविष्य में यह ऐसा धोखा धड़ी किसी के साथ नहीं करेगा।

अजय के साथी, ''ठीक है इसे सभी शर्त मंजूर हैं।''

सुरेश ने अजय को सबक सिखाने की मंशा से, ''आप लोगों से नहीं हम पहले अजय के मुँह से सुनना चाहते हैं जिसने गुनाह किया है। फिर सभी के सामने उससे करवाना भी चाहते हैं।''

अजय जो शर्म के मारे जमीन में गड़ा जा रहा था तथा अपने दोस्तों की आड़ लिये खड़ा था। आगे आकर अपने दोनों कान पकड़

लेता है और कहता है, ''मेरी तौबा। मैं फिर ऐसा कभी नहीं करूँगा।''

सुरेश अजय की बाँह पकड़कर बूढ़े की ओर ले जाते हुए, ''चलो अब ताऊ से माफी मांगो।''

अजय जाकर ताऊ के चरण पकड़ लेता है, ''बाबा मुझे माफ कर दो। मैंने आपके साथ बहुत गलत व्यवहार किया है। मैं कसम खाता हूँ कि आईन्दा से मैं यह हेरा फेरी का धंधा कभी नहीं करूँगा।''

बूढ़ा अजय को नसीहत देता हुआ, ''बेटा मेहनत की थोड़ी सी भी अपनी कमाई एवं उसे खर्च करने में जो आनन्द मिलता है वह ऐसी धोखा धड़ी की लाखों की अतुल कमाई से हजार गुना संतोष प्रदान करती है। तूने सुना भी होगा कि चोर के घर में हमेशा अंधेरा ही रहता है। इसलिये बेटा नेक नियत से काम करोंगे तो मेरा आशीर्वाद है कि तुम दिन दूनी रात चौगुनी तरक्की करोगे। जाओ खुश रहो।''

सुरेश ने ताऊ को, अजय से, उसके जितने पैसे लगे थे वापिस दिलवाए। अपना विजिटिंग कार्ड वापिस लिया तथा कमीज अजय के शरीर पर ही छोड़ दी। रेल ने अपनी रफ्तार धीमी की तथा रेंगते रेंगते देवलाली स्टेशन पर रूक गई। सुरेश के साथ साथ बूढ़ा भी उतर गया।

थोड़ी देर बाद, शायद बदले हुए आचरण के साथ, अजय एवं उसके साथियों समेत रेल अपने पथ पर अग्रसर हो गई।

संत-वाणी

रतन ने तैयार होकर अपने ऑफिस को जाने के लिए कदम बढ़ाए ही थे कि अपनी पत्नी की मधुर आवाज सुनकर ठिठक गया।

"अजी सुनते हो।"

"हाँ सुनाओ परंतु जरा जल्दी क्यों कि मुझे ऑफिस जाना है। पहले ही देर हो रही है।"

रतन की पत्नी कमला अपने पति के मुँह से पहले ही देर हो रही है सुनकर कुछ बिगड़ते हुए, "अपनी मर्जी से तो चाहे जितनी देर कर लें पर मैं जरा बोली कि आपको एकदम देर हो जाती है।"

रूठ गई पत्नी को मनाने के अन्दाज में रतन उसके नजदीक आकर बोला, "अब कुछ बोलोगी भी या यूँ ही मुँह फूला रहेगा।"

मुँह पिचकने में तो देर लगेगी ही आप जाओ आपको देर हो रही है।"

रतन अपनी पत्नी के दोनों कंधें को पकड़कर, "तुम भी बहुत जल्दी नाराज हो जाती हो। जल्दी बताओ क्या बात है?"

कमला बिदककर अपने कंधे छुड़ाते हुए, "फिर वही जल्दी।"

रतन ऑफिस में देरी से पहुँचने के डर से खीजकर बोला, "अच्छा बाबा अब बताओ भी।"

"आप जो अलमारी के किवाड़ बनवा रहे हो उनके लिए चमकती हुई सनमाईका मत लाना। वह अच्छी नहीं लगती।"

"तो कैसी लाऊँ, और हाँ साथ साथ सनमाईका का रंग तथा डिजाईन भी बता दो कि कैसा लाऊँ?"

कमला ने अपनी बात पर जोर देते हुए कहा, "बस ज्यादा भड़कीली मत लाना और आगें आप देख लेना।"

रतन चुटकी लेते हुए, "अगर मेरी ही इच्छा सर्वोपरीय रखनी थी तो मुझे इतनी और देर क्यों कर दी मैं तो अपनी मर्जी की लेने जा ही रहा था।"

कमला ऐसा मुँह बनाते हुए जैसे चिढ़ गई हो बोली, "हटो जी मुझे कुछ नहीं कहना।"

रतन मुस्कुराता हुआ बाहर निकल जाता है तथा शाम को सनमाईका लाकर मिस्त्री को दिखाता है, "लो मिस्त्री माणिक लाल जी देखना यह सनमाईका कैसी रहेगी।"

"गुप्ता जी आपने तो मेरे मन की इच्छानुसार काम कर दिया। इसकी फिटिंग भी देखना क्या खूब बैठेगी।"

मैं किवाड़ों पर लगने वाले हैंडल भी लाया हूँ। देखना ठीक जंचेंगे या नहीं।"

हैंडल देखकर माणिक लाल खुश होकर बोला, "गुप्ता जी आपने तो कमाल की मैचिंग कर दी है। जो भी इस मैचिंग को देखेगा सराहे बिना नहीं रह सकेगा।"

"मुझे किसी और के सराहने न सराहने की चिंता नहीं है। मेरी सेठानी के मन अवश्य भानी चाहिए।"

"गुप्ता जी आप दिल खोलकर पैसा लगा रहे हो। तभी तो काम कराने के लिए मुझे फरीदाबाद से लाकर यहाँ रखा हुआ है। आपका काम जब पूरा हो जाए तो देखना सेठानी जी के साथ इस इलाके के लोग इसे कितना सराहेंगे।"

इतने में फोन की घंटी बजती है तो रतन चोगा कान पर लगाकर, "हैलो कौन?"

दूसरी ओर से, "कौन बोल रहा है, रतनसिहँ?"

रतन ने आवाज पहचान कर, "मौसा जी आप, नमस्ते।"

"नमस्ते बेटा नमस्ते। क्या तुम शादी में नहीं गए?"

"मौसा जी किस की शादी में?"

"अरे वो बसंत गाँव में नन्द किशोर के भाई की शादी है न आज की, वहीं।"

मौसा जी मैने अपने दोनों लड़कों को भेज दिया है। क्योंकि मेरी समझ से मेरा जाना अनिवार्य नहीं है।"

"सो तो तू ठीक कह रहा है पर ऐसा कर तू भी चला जा। वहाँ जय प्रकाश (रतन के जीजा जी) मिलेगा। वह एक लड़का दिखाएगा। तेरी लड़की के लिए। जाँच परख लेना। अगर पसन्द आ जाए तो बताना।"

अपने मौसा जी की बात का मान रखते हुए रतन ने शादी में जाने की हामी भर दी। बसंत गाँव में जाकर जब रतन ने लड़का देखा तो, कद काठी और सेहत के हिसाब से उसे एकदम पसन्द आ गया। रतन के अनुसार अपनी लड़की के सुखद जीवन के लिए उसके वर में तीन बातों का होना आवश्यक था। अपना मकान, ठीक सा काम तथा अच्छी सेहत। और ये तीनों शर्ते वह लड़का पूरी कर रहा था। हाँलाकि

रतन के लड़के अभी नाबालिग थे तथा इस बारे में अपनी राय देने के लायक नहीं थे फिर भी उसने उन दोनों को भी लड़का दिखाकर अपनी मंशा जता दी। अपने एक दो रिश्तेदारों से और जाँच पड़ताल करने से सभी ने लड़का ठीक ही बताया।

रतन अपनी पत्नी को यह खबर बताने को बहुत उतावला हो रहा था इसलिए घर में घुसते ही उसने जोर से पुकारा, "अरे भाग्यवान क्या कर रही हो, कहाँ हो?"

रसोई से बाहर आते हुए कमला बडी मासूमियत से बोली, "कहो क्या कहना है।" (चेहरे पर शरारती मुस्कान लाकर) परंतु जरा जल्दी से वरना मुझे खाना बनाने में देरी हो जाएगी।"

रतन अपनी पत्नी के चहरे के भाव समझकर वह भी हँसकर बोला, "अच्छा जी हमारा फिकरा हम पर ही कस रही हो।"

कसूँ क्यों नहीं। आज ही तो मौका मिला है।" (दोनों जोर का ठहाका लगाते हैं)।

"सुनो हमने अपनी प्रभा के लिए लड़का पसन्द कर लिया है।"

"हमने नहीं केवल आपने।"

"अरे मैने प्रवीन और पवन को भी दिखा दिया है।"

कमला समझ नहीं पाई कि अपने पति की बात पर हँसे या आश्चर्य करे वह केवल इतना ही कह पाई, "क्या?"

"हाँ जी। लड़का हर मायने में शरीर से स्वस्थ है। कोई ऐब नहीं। मास्टर लगा है। अपना मकान है। मेरे जीजा जी नन्द किशोर के छोटे भाई राधे श्याम का सगा साला है।"

कमला ने अपनी आदत अनुसार कहा "बात बढ़ाकर देख लो, मुझे नहीं पता।"

"बात तो करेंगे ही परंतु एक बात की चिंता है कि अभी इतना पैसा कहाँ से जुटा पाऊँगा कि शादी कर दी जाए।"

कमला अपने पिता जी के अनुभव के लहजे में बोल पड़ी, "अरे मेरे भोले भंडारी कौन सी अभी शादी पक्की होने जा रही है। बातें चलाते चलाते सालों बीत जाता है जब कहीं जाकर रिश्ते जुड़ पाते हैं।"

रतन ने भी चुटकी लेते हुए कह दिया क्यों जैसे तुम्हारे बाप को बीत गए थे?"

"अच्छा जी मेरा मजाक उड़ा रहे हो?"

"नहीं नहीं मेरी क्या मजाल कि आपका मजाक उड़ाऊँ। खैर देखा जाएगा बात तो आगे बढ़ाते हैं।"

सभी को यह जानकर अचरज हो गया कि प्रभा का रिश्ता पंद्रह दिनों में ही पक्का हो गया। तथा शादी भी जल्दी ही आठ जून की तय हो गई। इस रिश्ते से रतन एक तरफ तो बहुत खुश था कि बिना किसी मेहनत के अच्छा लड़का मिल गया था परंतु दूसरी तरफ वह दुविधा में फंस गया था कि शादी के लिए रूपया कहाँ से लाएगा। वह लड़के वालों से एक लाख पच्चीस हजार लगाने की बात कर आया था। इस समय रतन के घर की मरम्मत होकर लिपाई पुताई का काम चल रहा था इसलिए उसके पास मात्र पंद्रह हजार ही बचे थे।

कमला जो हमेशा छोटी छोटी बातों पर भी चिंता ग्रस्त हो जाती थी ने पूछा, "क्यों जी अब कैसे होगा। पैसा कहाँ से आएगा?"

"हाँ यहीं मैं सोच रहा था।"

परंतु न जाने क्यों रतन का मन बहुत खुश था। इस खुशी पर कोई भी चिंता अपना रंग जमाने में कामयाब नहीं हो पा रही थी। तभी तो रतन के मुख से एक कविता सी फूट पडी थी।

"अरे भोला भंडारी क्या करेगा,
पैसा कहाँ से लाएगा।
हाथ पीले करने हैं बेटी के,
कैसे वह कर पाएगा।"

रतन के ऊपर भगवान की असीम कृपा थी जो उसे बैंक में नौकरी मिल गई थी। एक बैंक कर्मचारी अगर उसने किसी प्रकार का कोई ऋण नहीं लिया हुआ हो तो जरूरत के समय बैंक से सभी प्रकार के ऋण लेकर वह 250000 रूपया इकट्ठा कर सकता था।

रतन ने ऐसा ही किया। ढाई लाख पाकर रतन आसवस्त हो गया। उसने सोचा कि शादी के लिए सवा लाख तय हुआ है अगर डेढ़ लाख भी लग गया तो कोई बात नहीं वह सब काम अच्छी तरह निपटा लेगा। परंतु शादी के लिए सामान खरीदते वक्त उसकी पत्नी कमला भावुकता में इतनी बही कि हर दहेज के उस सामान पर ही अँगुली टिकाई जो रतन के हिसाब से डेढ़ गुना कीमत का बैठता था।

कमला को ऐसा करते देख रतन ने उसे कई बार टोका कि देखो हमने सवा लाख लगाने की बात कही थी। तुम कुछ ध्यान से खर्चा करो।

कमला जैसे कुछ समझ ही न रही थी उसने पूछा, "क्यों क्या हुआ?"

बर्तनों का यह अच्छा सैट आठ सौ–नौ सौ का है फिर तुम....।"

"नहीं मुझे तो यही सत्रह सौ वाला ही देना अच्छा लग रहा है। हम यहीं देंगे।"

"यह मयूर जग तीन लीटर वाला कैसा रहेगा?"

"यह तो छोटा दिखता है। दहेज के सामान में रखा अच्छा नहीं लगेगा। पाँच लीटर का तो कम से कम होना ही चाहिए।"

"तुम्हारे पास भी तो तीन लीटर का ही है। आने जाने में उससे बड़ा चलता भी नहीं।"

कमला अपनी बात पर अड़ते हुए बोली, नहीं हमें तो पाँच लीटर वाला ही देना है।"

"अच्छा लड़के के टीके में क्या देना है?"

"आप ही समझ लो।"

"एक हजार एक सौ ठीक रहेंगे।"

"कमला कुछ सोचकर बोली, एक हजार एक सौ तो कुछ जंचेंगे नहीं।"

"तो फिर तुम्हें क्या जंचेगा।"

"मेरे मन की मत पूछो। मैं तो चाहती हूँ कि लड़का गिन्नी से रोका जाए।"

रतन चौंकते हुए, गिन्नी से, जानती हो गिन्नी चार हजार की आती है।"

रतन की बात अनसुनी करते हुए कमला ने आगे कहा, केवल गिन्नी से ही काम नहीं चलेगा उसके साथ में एक हजार एक सौ रूपया भी देना होगा।

अपनी पत्नी की ऐसी बातें सुनकर रतन का पारा चढ़ जाता। तुम्हारा दिमाग तो खराब नहीं हो गया है। तुम्हारा आदमी कोई राजा महाराजा नहीं है। न ही उसके यहाँ पैसों का कोई पेड़ लगा है जो इतना खर्च कर देगा। अपनी हैसियत देखकर हवा में उड़ो। ऐसी न

जाने कितनी ही बातें हुई और कमला के रूसते मनते रतन के पूरे ढाई लाख रूपये खर्च हो गए।

ऋण पर लिए रूपयों की वजह से अभी तक रतन का हाथ तंग नहीं हुआ था तथा उसने सोचा था कि शादी के बाद वह अपने घर का खर्चा थोड़ा कम करके काम चला लेगा। उसका मत था कि अब प्रभा का खर्चा न के बराबर होगा। अब वह अपना कर्जा थोड़ा थोड़ा करके उतारने में कामयाब हो जाएगा क्योंकि उसने जितने ऋण लिए थे उनकी किश्त कटनी शुरू हो जानी थी।

शादी के बाद बीस दिन तो शांतिपूर्वक गुजर गए।

एक दिन कमला रतन के सामने खड़े होकर अपना अंगूठा अपनी दोनों बड़ी अंगुलियों पर रगड़ने लगी जो रूपया गिनने का अन्दाज होता है। इसके साथ ही वह अपने चेहरे पर एक चिढ़ाने वाली मुस्कान लाकर बोली, लाओ जी पैसे लाओ।"

रतन, कमला के रूपया माँगने के अन्दाज से अन्दर ही अन्दर जल भुन गया। फिर भी अपने को सम्भालते हुए पूछा, "कितने?"

"यही कोई एक हजार।"

"एक हजार। एक हजार किस लिए?"

"मुझे बेबी की ससुराल खाना भेजना है।"

"खाना भेंजना है तो पैसे किस लिए चाहिए? घर में खाना बनाने का सारा सामान तो है ही। बना दो और भेज दो।"

मैं खाना ऐसे ही थोड़े भेज दूँगी। दस चीजों को दस स्टील के डब्बों में भरकर भेजूँगी और डब्बे वहीं रह जाएँगे।"

अपनी पति की बात सुनकर रतन को पसीना आ गया। उसकी तनख्वाह में से ऋण की किश्त कटनी शुरू हो गई थी। घर का खर्चा

दुकान पूरा नहीं कर पा रही थी। ऊपर से कमला को अलूल जलूल खर्चा करने को पैसा चाहिए था। ऐसा लगता था जैसे उसे इस बात की कोई चिंता नहीं थी कि उसका पति कहाँ से और कैसे पैसा लाएगा।

इसके बाद कमला ने पैसा माँगने का अपना यह अन्दाज पेटैंट बना लिया। रतन हर बार जल भुन कर रह जाता। हाँलाकि पैसे तो उसे ही देने होते थे तथा वह देता भी था परंतु कमला की हर रोज की कुछ न कुछ माँगने की वजह से दिन-ब-दिन उसकी आर्थिक हालत बिगड़ती जा रही थी। इस बार करवा चौथ का व्रत आने वाला था। कमला ने अपने पुराने अन्दाज में इशारा किया, ''लाओ जी।''

''कितने,''

''डेढ़ हजार।''

''इतने रूपयों का क्या करोगी,''

''करवा चौथ का व्रत आ रहा है। बेबी के कपड़े लाने हैं तथा करवे लाने हैं।''

''करवों का तो टोकरा मैं दुकान पर बेचने के लिए लाऊँगा। जितने चाहिए उसमें से ले लेना।''

कमला अपने चेहरे पर एक कटु मुस्कान लाकर, जैसे मन में कह रही हो कि बच्चू कहाँ तक बचोगे, बोली, ''फिर भी पैसे तो चाहिए ही।''

''सो तो है। लो एक हजार से काम चला लो।''

कमला ने अपना हाथ झटक कर पीछे हटकर कहा, ''तो आप अपने आप ही सामान ले आना।''

"ठीक है मैं खुद ले आऊँगा, कहकर रतन ने रूपये वापिस अपनी जेब में ठूंस लिए" और कमला अपने पैर पटकते हुए ऊपर चढ़ गई।

रतन ने टोकरे में से छाँटकर बड़े बड़े ग्यारह करवे कमला के पास पहुँचा दिए। शाम को जब रतन खाना खाने ऊपर चढ़कर आया तो कमला का मुँह फूला हुआ था। गुस्से से उसका दिमाग सातवें आसमान पर चढ़ा प्रतीत हो रहा था। खाँड के करवे इधर-उधर बिखरे पड़े थे। ऐसी हालत देख रतन ने पूछा कि खाँड के करवे ऐसे क्यों बिखरे पड़े हैं? तथा साथ में हिदायत भी दे दी कि इन्हें सम्भाल कर एक कोने में रख दो अन्यथा नाजुक होने की वजह से टूट जाने का खतरा है।

कमला आपे से बाहर होकर बोली, "टूटने को इनमें रखा ही क्या है?"

"क्यों क्या बात है। इतनी गर्म क्यों हो रही हो?"

"कमला ने उसी अन्दाज में कहा, ये करवे हैं। इन्हें करवे कहते हैं। हमारी कुल्हिया ही इनसे अच्छी हैं। ला दिए करवे। हूँ।"

रतन ने कमला की ऐसी कटु वाणी सुनकर भी अपना संयम नहीं खोया तथा बड़े अदब से कहा, "अरे आधा किलो का एक करवा है। अच्छे अच्छे बड़े लोग तो 200 ग्राम से ज्यादा का करवा नहीं लेते और तुम हो कि इन पर भी नाक भौं सकोड़ रही हो।"

"मुझे औरों से कोई मतलब नहीं। मैं ये करवे नहीं भेजूंगी, बस।"

"चलो माना तुम्हे औरों से कोई मतलब नहीं परंतु क्या तुम्हे मुझ से भी कोई मतलब नहीं? तुम हमेशा एक शैतानी अन्दाज में खर्चे के लिए मेरे से पैसे माँगती हो। यह जानते हुए भी कि पैसा तो यहीं से मिलता है फिर भी मेरा चेहरा उदास देखकर खर्चे के नाम पर तुम्हारे

मुख मंडल पर मुस्कान फैल जाती है। शायद तुम समझती हो कि मैं रूपया खर्च करने से डरता हूँ उसके विपरीत तुम अपने को एक दिलदार औरत समझती हो। परंतु तुमने आज तक कभी यह नहीं पूछा कि क्यों जी क्या बात है? आप हमेशा ऐसे खोए खोए से क्यों रहते हो? तुम तो कहते थे कि तुम्हारे पास शादी के लिए पैसों का इंतजाम नहीं है फिर यह सब खर्चे कहाँ से तथा कैसे कर रहे हो? मेरे कहने के बावजूद खर्चे के मामले में तुमने अपना हाथ कभी भी खींचने की कोशिश नहीं की। तुमने कभी इसकी परवाह नहीं की कि तुम्हारा आदमी रूपयों की खातिर रात को चैन से सो भी नहीं पा रहा है। उसे हमेशा यहीं चिंता सताए जा रही है कि वह अपना कर्जा कैसे चुका पाएगा।''

परंतु कमला पर रतन के इस लम्बे भाषण का कोई असर नहीं हुआ। उसने आधे करवे लौटा दिए तथा बाजार से और मंगवा लिए। शायद कमला को अपने आदमी की इज्जत के बजाय दूसरों की वाह वाही लूटना ज्यादा प्रतिष्ठावान लगता था।

यह महसूस करके रतन का अंतर्मन रो उठा। प्रभा की शादी में अपनी सामर्थ्य शक्ति से ज्यादा लगाया गया पैसा भी उसे बेकार नजर आने लगा। रूपये पैसों के सामने उसे रिश्ते नाते सब फालतू की बातें लगने लगी। उसका मन भारी हो गया। जब वह अपने अश्रु रोक पाने में असमर्थ हो गया तो घर से बाहर निकल गया। उसे होश न रहा कि उसके उठते कदम उसे किस ओर लिए जा रहे हैं। वह चलता चलता एक मन्दिर में जा पहुँचा।

यह मन्दिर आबादी से हटकर एक सुनसान सी जगह में स्थित था। लम्बे ऊँचे पेड़ों के झुरमुठ के बीच बना यह मन्दिर बहुत पुराना था क्योंकि जब रतन छोटा था तो वह अपने साथियों के साथ वह कभी कभी यहाँ खेलने आ जाया करता था। यह स्थान कैंट इलाके

में होने की वजह से बहुत ही साफ सुथरा, शांत एवं रमणीक लग रहा था। रतन एक चबूतरे पर चढ़कर जमीन के पक्के फर्श पर ही बैठ गया। उसके सामने शिव शंकर जी के परिवार की मूर्तियों का दरबार था। उनके दर्शन होते ही रतन के दोनों हाथ उनकी स्तुति में जुड़ गए। वह नतमस्तक हुआ और आँखों का समुंद्र बहने लगा। न जाने वह कब तक रोया होगा और रोते रोते वह वहीं फर्श पर सो गया।

जब उसकी आँखे खुली तो देखा मन्दिर के अन्दर सामने वाले बड़े हॉल में किसी महात्मा पुरूष के प्रवचन हो रहे थे। रतन भी उठकर हॉल में जाकर बैठ गया और प्रवचन सुनने लगा। महापुरूष मानव की तृष्णा की व्याख्या कर रहे थे। उन्होंने कहा कि मनुष्य धन को एकत्रित करने में सारी जिन्दगी गुजार देता है। वह सोचता है कि जितना अधिक धन जोड़ लेगा अच्छा रहेगा। आगे उसके बच्चों के काम आएगा। बच्चों के भविष्य की सुख शांति की खातिर वह अपने आप सैंकड़ों दुख सहन करने में भी कोई बुराई नहीं समझता। अपने ऊपर जायज खर्च करने में भी वह कभी कभी क्या अधिकतर कंजूसी बरतता है। वह यह भूल जाता है कि जब बच्चा पैदा होता है तो उसे भगवान की देन कहते हैं। हर बुरे और अच्छे काम के पीछे भगवान और किस्मत का ही नाम लिया जाता है। फिर वह धन की लालसा में क्यों इतना खो जाता है कि भगवान को ही भूल जाता है। उसे केवल अपने बच्चों का ही भविष्य नजर आता है। वह यह भूल जाता है कि उसके बच्चों को भी भगवान ने हाथ पैर व दिमाग इत्यादि सब दिये हैं और साथ साथ लिखी है उनकी किस्मत। अर्थात अगर किसी के भाग्य में लिखा है तो रंक भी राजा बन जाता है और राजा रंक बन जाता है। अत: मनुष्य को मोह माया के जाल में अधिक नहीं फंसना चाहिए तभी वह सुखी जीवन व्यतीत कर सकता है। संचित धन मनुष्य के अपने किसी काम नहीं आता। एक मनुष्य खाली हाथ पैदा होता है और खाली हाथ ही इस संसार से विदा हो जाता है।

प्रवचन समाप्ति पर रतन उठा और घर की ओर चल दिया। जब वह आया था तो एक हारे हुए सिपाही की तरह आया था। उसके मन में संसार भर के दुःख और ग्लानि भरी हुई थी। परंतु अब घर लौटते समय उसका चेहरा खिला हुआ था। उसके कदम एक वीर सिपाही, जिसे विजय हसिल हुई हो, की तरह उठ रहे थे। उसका सीना तना था, गालों पर लालिमा एवं माथे पर आभा दिखाई दे रही थी।

रतन ने प्रवचन के माध्यम से उस समस्या का हल पा लिया था जो वर्षो से उसके मन को कचोट रही थी।

घर पहुँचने पर उसकी पत्नी जो काफी देर से उसकी राह जोह रही थी ने पूछा, ''कहाँ गए थे?''

रतन ने बड़े चहकते हुए बताया, ''खुशी ढूँढने।''

कमला ने अपने कंधे उचकाकर तथा अचम्भित भाव से पूछा, ''खुशी।.... मिली?''

''मिली।''

कमला ने मजाक के लहजे में पूछा, ''कहाँ है?''

''वह मेरे मन में, मेरे दिल में, मेरे दिमाग में, मेरे रोम रोम में बस गई है।''

''कुछ हमें भी दे दो।''

''जरूर दूँगा जब तुम्हें इसकी जरूरत पड़ेगी। फिलहाल तुम खाना लाओ, बहुत जोर से भूख लगी है।''

अगले दिन रतन जब शाम को ऑफिस से वापिस आया तो कमला बेताबी से उसका इंतजार कर रही थी। उसने उसे देखकर पूछा, ''आज आने में बड़ी देर लगा दी। कहीं गए थे क्या?''

"हाँ फरीदाबाद गया था।"

"कोई जरूरी काम था?"

"हाँ तुम्हारे लिए खुशी लेने गया था। उस दिन तुम माँग रही थी न कि तुम्हे भी कुछ खुशी दे दूँ।"

कमला आँखें फाड़कर आश्चर्य से बोली, "खुशी लेने गए थे।"

कमला को रतन की बात कुछ अटपटी लगी अतः कहा, "कल से आपका व्यवहार कुछ अजीब सा हो गया है। नई नवेली दुल्हन की तरह चहकते फिर रहे हो। हर बात में खुशी की बात लाते हो और वास्तव में नजर भी बहुत खुश आ रहे हो। क्या राज की बात है हमें भी तो पता चले?"

रतन ने अपनी जेब में हाथ डाला और 2000 रूपये कमला के हाथ पर रखते हुए बोला, "लो अपनी खुशी। तुम 1500 रूपये माँग रही थी न अब 2000 लो। और अगर कम पड़े तो ओर ले लेना।"

कमला, रतन के रवैये से अचम्भित कभी रूपयों को देखती कभी रतन के चेहरे को, उसकी कुछ समझ नहीं आया कि क्या हो रहा था। कल परसों तक तो ये मेरे रूपये माँगने पर चिढ़ से जाते थे परंतु आज माँगने से ज्यादा हाथ पर रख कर कह रहे हैं कि और चाहिए तो ले लेना। जानने के लिए पूछा, "क्या कोई खजाना हाथ लग गया है?"

रतन अपने चेहरे पर आभा बरकरार रखते हुए बोला, "ऐसा ही समझ लो। वैसे तुम्हे आम खाने से मतलब है या पेड़ गिनने से। अपने खर्चे के पैसे लो और काम निकालो।"

इसके बाद जब भी कमला खर्च के लिए पैसे माँगती रतन उसके द्वारा माँगे गए पैसों से ज्यादा ही उसके हाथ में थमाने लगा।

कमला ने अपनी लड़की की दोनों लड़कियों के छुछक मे दिल खोलकर सामान भेजा।

देखते ही देखते रतन के बड़े लड़के प्रवीण की शादी का समय आ गया। कमला ने रतन को पहले ही आगाह कर दिया था कि एक लाख रूपये उसे अपने हाथ खर्च को चाहिये, दुल्हन को विदा अपनी एक नई गाड़ी में करवा कर लाना है और अपनी बेटी प्रभा को विदा देने के लिए 50000 रूपये होने हैं। बाकी खर्चे वे जाने।

रतन ने कमला की सारी बातें सहर्ष स्वीकार कर ली। इस तरह कमला की हर इच्छा पूरी करके उसे वह खुशी प्रदान कर दी जिसकी उसे उम्मीद नहीं थी। अब रतन को भी किसी प्रकार की न चिंता रहती थी, न ग्लानि, न उदासीनता तथा न कर्जा चुकाने की समस्या। इसके विपरीत उसका बैग रूपयों से हमेशा भरा रहता था और वह दिल खोलकर खर्च करने लगा था।

वास्तव में मन्दिर में महापुरूष के प्रवचनों ने रतन के ज्ञान चक्षु खोल दिए थे। महापुरूष की अमर वाणी के शब्द "वह मनुष्य महामूर्ख होता है जो अपनी वर्तमान जिन्दगी गरीबी में काटकर अपने मरने के बाद अमीर कहलाना चाहता है" रतन के जीवन में एक बहुत बड़ा परिवर्तन ले आए।

रतन ने जमीन के कई टुकड़े खरीद रखे थे। खुद के रहने के लिए उसका अपना पैतृक मकान भी था। महापुरूष की वाणी को ध्यान में रखकर, अपने कष्ट निवारण के लिए, उसने जमीन का वह टुकड़ा बेच दिया जो उसके विचार से कब्जे से बाहर होता नजर आ रहा था। इससे दो फायदे हो गए। एक तो दिमागी चिंता समाप्त हो गई दूसरे खर्च के लिए पैसा हाथ में आ गया। अब जितने खर्च की जरूरत होती वह कमला को पकड़ा देता था। जमीन की खरीद फरोक्त से

उसके पास इतना पैसा इकट्ठा हो गया कि उसकी कई पुश्तें खुले हाथ खर्च करने पर भी आराम से जीवन यापन कर सकती थी। जीवन की हर खुशी पाकर रतन के साथ उसकी पत्नी कमला भी खुश थी।

खाली हाथ आने और खाली हाथ जाने का गूढ़ रहस्य पाकर रतन को ऐसा लगने लगा था जैसे उसे मोक्ष प्राप्ति का रास्ता मिल गया था। वास्तव में संत-वाणी पर अमल करना ही दुखों का अंत है।

गौना

गीता आज तीन वर्ष बाद स्वदेश लौट रही थी। वह इंग्लैंड से एम.बी.ए. की डिग्री हासिल करके वापिस लौटी थी। अभी नीचे उतरने के लिए हवाई जहाज का दरवाजा खुला नहीं था इसलिए वह खिड़की के पास बैठकर बाहर का नजारा देखने लगी। उसने महसूस किया कि हवाई पट्टी कुछ गीली थी। हवाई पट्टी के किनारे उगी घास हवा से अठखेलियाँ करती प्रतीत हो रही थी। अपनी मातृभूमि को स्पर्श करने के लिए उसका मन आतुर हो रहा था। उसे अधिक देर इंतजार नहीं करना पडा। हवाई जहाज का दरवाजा खुलते ही बाहर जाने के लिए वह दरवाजे की तरफ लपकी। ज्यों ही वह दरवाजे पर आई पूरे शरीर में ताजगी भर देने वाली समीर ने उसका स्वागत किया। उसका रोम-रोम पुलकित हो उठा। इसके साथ-साथ हवाई पट्टी के किनारे हल्की बारीश के कारण मिट्टी गीली हो जाने से उससे उठ रही भीनी-भीनी सुगंध ने उसके नथुनों में घुसकर उसे और भी आत्म- विभोर कर दिया। वह जल्दी से हवाई जहाज से उतर कर जमीन पर आई तथा अपनी मातृभूमि को कोटि-कोटि प्रणाम करते हुए झुककर उसे चूम लिया। गीता ने अपने घर वालों को नहीं बताया था कि वह पढ़ाई पूरी करके लौट रही है क्योंकि वह अचानक घर पहुँच कर सबको अचम्भित करना चाहती थी।

शाम के छः बजने जा रहे थे। थके हारे पक्षियों ने आसमान में कतारबद्ध होकर अपने घरों को लौटना शुरू कर दिया था। यह इस

बात का ध्योतक था कि सारे दिन उजाला देने वाला प्रभाकर भी विश्राम करने को इच्छुक हो रहा था। अंधेरा होने से पहले ही गीता भी अपने घर पहुँच जाना चाहती थी। एयरपोर्ट की सारी औपचारिकताएँ निबटाकर वह जल्दी से बाहर आई तो वहाँ का सुनसान एवं खामोश दृश्य देखकर आश्चर्यचकित रह गई।

जहाँ तिपहिए, टैक्सी तथा प्राईवेट गाड़ियों की भरमार रहती थी तथा पैदल चलना भी मुश्किल हो जाता था वहाँ आज सन्नाटा छाया हुआ था। न कोई तिपहिया था, न टैक्सी तथा न ही कोई प्राईवेट गाड़ी थी।

जब गीता अपना सामान लेकर तेज कदमों से वेटिंग रूम से बाहर निकली थी तो उसी समय एक नौजवान सरगम उसमें प्रवेश कर रहा था उसने गीता को सामने से तो नहीं देखा था परंतु उसकी सैंट की गंध ने उसे पीछे मुड़कर देखने को विवश कर दिया था।

लड़की द्वारा इस्तेमाल किए गए सैंट की खुशबू ने सरगम के दिल के तारों को छेड़ दिया था। सरगम कितने ही सालों से लगातार एयरपोर्ट के इस वेटिंग रूम में बैठकर चाय की चुस्की लेता रहा था तथा वहाँ आने जाने वालों द्वारा प्रयोग में लाई भिन्न भिन्न प्रकार की सेंटों की खुशबूओं का आनन्द ले चुका था। परंतु आज की खुशबू कुछ अलग ही थी। सरगम को यह खुशबू बहुत ही मोहक तथा दिल लुभावने वाली लगी। सरगम एक बार को सोचने पर मजबूर हो गया कि जिसने सैंट इतनी अच्छी महक वाला चुना था वह खुद कितनी सुन्दर होगी। वह अपने मन में पछताने लगा कि वह उस हिरनी जैसी चाल वाली, लम्बे लम्बे काले बालों वाली, साढ़े पाँच फुट से लम्बी छरहरे बदन वाली, जिस्म से चिपके कपड़े पहनने से जिसके बदन का हर उन्नत अंग बाहर निकलने को बेताब नजर आ रहा था,

मतवाली चाल से जाती उस गौरी चिट्टी लड़की का चेहरा निहार नहीं पाया था।

सरगम खुद भी लाखों में एक था। उसका गठीला बदन, गोल चेहरा, छः फुट का हट्टा कट्टा, गोरा चिट्टा जवान जैसे दूध में नहाया हो को देखने वाला बरबस उसके व्यक्तित्व से प्रभावित हुए बिना नहीं रह सकता था। देखने में सरगम एक देवता के समान प्रतीत होता था।

दिल में उस अदभुत सैंट की खुशबू को बसाए सरगम वेटिंग रूम के कोने में पड़ी एक मेज के पास रखी कुर्सी पर जा बैठा। उसने एक कप चाय मंगाई और धीरे धीरे उसकी चुस्की भरने लगा।

सरगम अपनी आँखें बन्द किए उस दिलकश नजारे का लुत्फ उठा रहा था जो उसने उस जाती हुई लड़की को पीछे से देखकर महसूस किया था। वह अपने में मस्त था कि उसके नथुनों में उसी सैंट की गंध तेज होती प्रतीत हुई। वह इसे शायद एक सपना ही सोच रहा था कि एक लड़की उसके सामने आकर खड़ी हो गई। सरगम अब भी अपने नेत्र बन्द किए उस दिलकश सुगंध को अपने फेफड़ों में भर लेने की कोशिश कर रहा था कि अचानक उसके कानों के पर्दे पर नजदीक से आती एक सुरीली आवाज टकराई, "भ.........।"

सरगम ने आवाज सुनकर ज्यों ही आँखें खोलकर अपनी नजरें ऊपर उठाई तो लड़की 'भ' शब्द पर ही अटक कर रह गई। सरगम भी उसे एकटक देखता ही रह गया।

दोनों की कद काठी, रंग रूप तथा सुन्दरता का कोई सानी नहीं था। वे राधा कृष्ण की जोड़ी के समान प्रतीत हो रहे थे। गीता अनायास ही उसकी तरफ आकर्षित हो गई थी। सरगम को देखकर गीता को उसका एक पूर्ण पुरूष होने का एहसास होने लगा था। ऐसा

पूर्ण पुरूष जैसा वर्षों से वह अपना जीवन साथी बनाने का सपना संजोए थी। इसीलिए सरगम की मनमोहिनी सूरत देखकर गीता 'भ' शब्द पर ही अटक कर रह गई थी। उसने अब अपना वाक्य बदलते हुए बड़े शिष्टाचार से पूछा, "मिस्टर क्या आप मेरी कुछ सहायता कर सकते हैं?"

सरगम जो अभी तक उस सैंट वाली लड़की को न देख पाने के कारण अपनी किस्मत को कोस रहा था उसे अचानक अपने सामने खड़ा पाकर भाव-विभोर हो गया। उसने अपने मन की मुराद को पूरा होते जान मन ही मन भगवान का लाख लाख शुक्रिया अदा किया। फिर गीता से पूछा, "कहिए मैं आपकी क्या सेवा कर सकता हूँ?"

"आज बाहर कोई टैक्सी वगैरह नहीं है, क्यों?"

"आज उनकी हड़ताल है।"

"प्राईवेट गाड़ियाँ भी नहीं हैं?"

सरगम ने गीता को पूरा विवरण देते हुए कहा, "आज देहली में बी. जे. पी. तथा कांग्रेस पार्टियों की रैलियाँ हैं। साथ ही साथ सिखों के गुरू जी का कोई जलूस भी है। अतः यहाँ आने के सारे रास्ते बन्द हैं। इसलिए आज यहाँ से कोई सवारी मिलना बहुत मुश्किल है।"

"यहाँ पहुँचने पर मैनें अपने घर भी फोन किया था। पता चला कि उनका घर से बाहर निकलना भी दुश्वार हो रहा है। और सरदारों का जलूस खत्म होने में अभी लगभग दो घंटे लग जाएँगे।"

"मैडम इसीलिए तो आज यहाँ सन्नाटा है।"

सरगम की बात सुनकर गीता घबरा गई तथा उसने चिंतित होकर पूछा, "अब मैं अपने घर कैसे पहुँच पाऊँगी।"

सरगम ने बहुत ही नम्रता से पूछा, "आपको कहाँ जाना है?"
"गुलमोहर पार्क।"

बिना कोई इधर-उधर की बात किए सरगम ने सीधा सा सवाल किया, "क्या आप मोटर साईकिल पर सवारी कर सकती हैं?"

गीता सरगम की बात न समझकर आश्चर्य से बोली, "क्या मतलब?"

"मतलब यह कि आज मैं अपनी जीप तो लाया नहीं, मोटर साईकिल ही लाया हूँ अतः....।" और सरगम ने अपने दोनों कन्धों को उचकाते हुए अपने दोनों हाथ भी ऊपर उठा दिए।

सरगम की मुद्रा और उसका शुद्ध आचरण देखकर गीता के चेहरे पर एक लंबी मुस्कान फैल गई। गीता, सरगम के साथ मोटर साईकिल के सफर के विचार से ही रोमांचित हो उठी। वह तो सरगम को देखते ही सोचने लगी थी कि किस तरह उसको सरगम के नजदीक बैठने का, उसको समझने का तथा उसे छूने का अवसर प्राप्त हो सकता है। वह मन ही मन भगवान का शुक्रिया अदा करने लगी कि वह कितनी जल्दी उसे यह सुअवसर प्रदान करने जा रहा है।

इसी प्रकार सरगम के मन में भी लड्डू फूटने शुरू हो गए थे। थोड़ी देर पहले जिसे न देख पाने की वजह से वह अपने आपको तथा भगवान को कोस रहा था अब उसे अपने पीछे मोटर साईकिल पर बैठाने के विचार मात्र से ही रोमांचित हो उठा था। कहना न होगा कि सरगम एवं गीता को पहली नजर में ही एक दूसरे से प्यार हो गया था।

दोनों अपने ख्यालों में खोए थे कि बैरे ने आकर पूछा, "साहब और कुछ?"

सरगम अपनी तंद्रा से बाहर आकर, "मैडम मेरा काम अभी आधे घंटे में समाप्त हो जाएगा तब मैं चलूँगा। तब तक आप भी एक कप चाय पीकर अपनी थकान उतार लें कहकर सरगम ने बैरे को एक कप स्पेशल चाय लाने को कहा।

सरगम को उठते देख गीता ने उससे जानना चाहा, आप कहाँ रहते हैं?"

"नारायणा में।"

"फिर मुझे आप मेरे घर तक कैसे पहुँचाएंगे?"

सरगम ने माहौल को थोड़ा खुशनुमा करने के लिहाज से कहा, "मैडम अपने कान पकड़ने के दो तरीके हैं। एक तो सीधा मुंह के सामने से पकड़ लो दूसरे गर्दन के पीछे से हाथ घुमाकर पकड़ लो। मकसद तो कान पकड़ने का ही है न? कहने का मतलब यह है कि मुझे अपने घर पहुँचना है। चाहे मैं सीधे रास्ते से जाऊं या घूम फिर कर जाऊँ, पहुँचूँगा तो घर ही।

सरगम की बात सुनकर गीता खिलखिलाकर खूब जोर से हंसीं। सरगम ने भी उसका साथ दिया। ऐसा लगने लगा था जैसे उन दोनों में दूरियाँ कभी थी ही नहीं।

गीता को सरगम के बात करने का सलीका, उसका अपनत्व और हावभाव बहुत पसंद आए। और सबसे बड़ा नशा तो गीता को जब महसूस हुआ जब सरगम के नकदीक जाने पर सरगम के शरीर से निकलती पुरुषत्व की महक उसके नथुनों में समा गई। भाव विभोर गीता को वह आधा घंटा, जब वह सरगम के साथ मोटर साईकिल पर बैठगी, बहुत लम्बा लगने लगा था। वह किसी तरह सरगम को जल्दी से जल्दी छूने को लालायित हो रही थी।

हालाँकि गीता का एक लड़की की सीमा को लांघने का कतई इरादा नहीं था। वह तो सरगम को अपना समझने लगी थी और इस नाते वह सरगम के स्पर्श की अनुभूति करना चाहती थी।

गीता को एक युक्ति सूझी। उसने सरगम से कहा, "आप मुझे मैडम नहीं बल्कि गीता संबोधित कर सकते हैं। और आज से हम एक दूसरे के दोस्त हैं," कहते हुए गीता ने अपना हाथ सरगम की तरफ बढ़ा दिया।

भौंचक्का सा सरगम काफी देर तक गीता के द्वारा बढ़ाए हाथ को देखता ही रह गया। फिर गीता के चेहरे की मुस्कान तथा उससे झांकते विश्वसनीय निमंत्रण को भांपकर सरगम ने अपनी सीधे हाथ की हथेली को दो तीन बार जोर से अपनी पैंट पर रगड़ा जिससे वह बिल्कुल साफ हो जाए। अपना हाथ बढ़ाने से पहले सरगम ने आँखों के इशारे से एक बार फिर गीता का मन जान लिया कि वास्तव में ही वह हाथ मिलाना चाहती है तो उसने देर न लगाई और झट से गीता का हाथ थाम लिया।

हाथों के स्पर्श मात्र ने दोनों के शरीर में तितली के पंखों की तरह फड़फड़ाहट पैदा कर दी और वह फड़फड़ाहट उनके दिलों में उतर गई। एक पल में ही दोनों को एक दूसरे की आँखों में गहराई तक देखने से महसूस होने लगा था कि लगाव दोनों के दिलों की गहराईयों में उतर चुका था।

इसके बाद गीता और सरगम के बीच काफी बातें हुई। गीता ने बताया कि उसके पिता एक बहुत बड़े उद्योगपति हैं। वह खुद लन्दन से एम.बी.ए. का कोर्स करके लौटी है। उसका एक भाई है जो पापा के साथ काम करता है। इत्यादि।

सरगम ने भी अपना चिट्ठा खोला। उसने बताया कि वह एस. एस.सी. के बाद रेफ्रीजरेशन इंजीनियर बन गया है। इस समय हवाई अड्डे पर जो प्लांट लगा है वह उसने लगाया तथा उसका ही है। गीता ने चुटकी ली, "अर्थात इस समय जिस ठंडक का लुत्फ वह उठा रही है वह आप की ही देन है," कहकर गीता खिलखिलाकर हँस पड़ी। सरगम ने भी उसका पूरा साथ दिया।

सरगम ने आगे बताया कि चेन्नई, कोलकाता तथा मुम्बई के हवाई अड्डों पर लगे रेफ्रिजेरेशन के प्लांट भी उसी की कंपनी के हैं। नारायणा विहार में उसकी 500 वर्ग गज में कोठी है, मैं वहीं रहता हूँ। इत्यादि।

आधे घंटे बाद गीता को पीछे बिठाए सरगम की मोटर साईकिल फर्राटें भरती हुई अपने गंतव्य की ओर दौड़ पड़ी थी। एक तरफ सरगम गीता का स्पर्श पाने को लालायित था तो दूसरी तरफ गीता भी सरगम से दूर बैठना नहीं चाहती थी। आग दोनों तरफ बराबर लगी हुई थी परन्तु इतना जरूर था कि गीता का उसमें झुलसने का इरादा बिल्कुल नहीं था। उसकी तो सर्दियों के मौसम में धूप को तापने की तरह ही आनंद लेने की मंशा थी।

आपस में बातें करते, एक दूसरे से टकराते मोटर साईकिल सवार गीता के घर के सामने पहुँच गए। बाहर से गीता का घर एक महल दिखाई दे रहा था। उसकी लम्बाई, चौड़ाई, ऊँचा गेट, गेट पर संतरी, अंदर लम्बा चौड़ा लॉन, लॉन में महकते फूल, गेट के अंदर सामने बंगले का दरवाजा, बंगले का रंग रोगन, दरवाजे के अगल बगल खड़ी लंबी लंबी तीन चार गाड़ियाँ देखकर सरगम दंग रह गया। उसकी आँखें फटी सी रह गई। वह सोचने लगा कि यह तो बाहर से देखने का नजारा है अंदर पता नहीं क्या क्या होगा।

उसकी तंद्रा गीता की आवाज ने तोड़ी, "अंदर नहीं चलोगे?"

"नहीं नहीं आज नहीं। आज वैसे भी देर हो गई है। घर वाले मेरा इंतजार कर रहे होंगे।"

न चाहते हुए भी सरगम ने अपनी मोटर साईकिल स्टार्ट की और गीता की आँखों से ओझल हो गया।

अब तो गीता जब भी एयरपोर्ट पर आती वह अपने घर वालों को अपने आने की कभी भी खबर नहीं देती थी। सरगम को भी पहले से ही हिदायत दे देती कि अमुक दिन वह आ रही है इसलिए उस दिन अपनी जीप न लाकर मोटर साईकिल ही लाए।

धीरे धीरे गीता के साथ नजदिकीयाँ बढ़ने के साथ-साथ सरगम ने उसके घर के अंदर भी जाना शुरू कर दिया था। घर के अंदर का नजारा देखकर तो सरगम ठगा सा रह गया। उसकी नजरें चारों ओर का नजारा देखकर अचम्भित थी। शानदार लम्बा चौड़ा ड्राईंग रूम, कीमती सजावट का सामान, रत्न जड़ित मूर्तियाँ, बेशकीमती कालीन, छतों में जगमगाती सैकड़ों रंग बिरंगी लाईटें, मन लुभावने पर्दे, नौकर चाकर इत्यादि देखकर उसे स्वर्ग होने का आभास होने लगा। ऐसा प्रतीत हो रहा था जैसे वह इन्द्र देव के महल में खड़ा था।

सरगम की मनः स्थिति तब संभली जब सरगम ने सामने से सीढ़ियाँ उतरते हुए अपने पापा से चहकते हुए कहा, "पापा जी यह मेरे मित्र सरगम हैं।"

गीता के पापा सतीश कुमार गुप्ता ने सरगम को एड़ी से चोटी तक निहारा ही था कि उसके लड़के संदीप ने गुस्से में अंदर आते हुए प्रश्न किया, "पोर्टिको में किसकी मोटर साईकिल खड़ी है, सारा रास्ता रोक रखा है।"

सरगम ने बड़ी विनम्रता से जवाब दिया, "मेरी है।"

संदीप ने सरगम की और आश्चर्य जनक निगाहें फैलाते हुए पूछा, "आपकी तारीफ?"

अपने भाई के प्रश्न का उत्तर इस बार गीता ने दिया, "यह मेरा मित्र सरगम है।"

"सरगम, आपका दोस्त, मोटर साईकिल वाला?" आर यू करेजी सिस्टर, कहकर एक व्यंगात्मक हंसी बिखेरकर तथा अपनी गर्दन को झटका देता हुआ संदीप अपने कमरे की और बढ़ गया।

सरगम ने देख ही लिया था कि गीता के दोस्त के नाम पर संदीप कैसे नाक भौं सिकोड़कर बिना उससे मुखातिब हुए अंदर चला गया था। सरगम को यह भी महसूस हुआ कि गीता के पापा जी ने भी उसमें कोई रुचि नहीं दिखाई थी। सरगम ने जब गीता की ओर निहारा तो पाया कि शायद उसके प्रति अपने घरवालों की बेरूखी समझ कर उसका चेहरा तमतमा रहा था। उसके सामने बात कुछ अजीब मोड़ न ले ले सरगम ने वहाँ रूकना उचित न समझा और वापिस अपने घर लौट आया।

अपने बंद कमरे में बैठकर सरगम आज के घटनाक्रम एवं गीता, उसके भाई तथा उसके पापा के व्यवहार पर विचार करने लगा।

"पहली नजर में संदीप एवं उसके पापा सतीश जी को हम दोनों का मेलजोल पसंद नहीं आया है।"

"संदीप ने अपने कथन एवं व्यवहार से साफ जाहिर कर दिया था कि उन्हें मेरी हैसियत अपनी औकात से बहुत छोटी नजर आ रही थी, वास्तविकता भी यही है।"

सरगम इस बात को सोचकर कि शायद गीता अब उससे नाता तोड़ ले और कभी न मिले, एकदम सिहर उठा। वह उठकर बैचैनी

में इधर उधर चक्कर लगाने लगा। परन्तु फिर वह अपने आपको सांत्वना देते हुए बुदबुदाया, "गीता तो अपना दिल मुझे समर्पण कर चुकी है इसलिए अपने भाई एवं पापा का विरोध अवश्य करेगी। और अगर मैं गीता को पाने में असमर्थ रहा तो मेरी तो सारी उम्मीदों पर पानी फिर जाएगा जिन्हें मैनें गीता के सहारे पाने की लालसा संजोई थी।"

इधर सतीश ने अपनी लड़की गीता से सरगम के बारे में जानकारी लेने के इरादे से पूछा, "बेटी, क्या सत्य में सरगम मोटर साईकिल पर सफर करता है?"

गीता ने अपने पापा के प्रश्न का उत्तर न देकर उल्टा प्रश्न कर दिया, "पापा जी इसमें बुराई क्या है?"

"बेटी, बुराई तो कुछ नहीं है परन्तु आगे भी तो कुछ दिखाई देना चाहिए?"

गीता ने प्रेम के वशीभूत अपना तर्क रखा, "पापा जी जोहन अब्राहम कितना बड़ा हीरो है उसका नाम हमेशा मोटर साईकिल के साथ जुड़ा रहता है। हमारे देश की क्रिकेट टीम के कप्तान महेंद्र सिंह धोनी को ही देख लो कभी एक मोटर साईकिल तो कभी दूसरी पर दिखाई देता है। गाड़ी चलाते हुए उसका फोटो आज तक एक बार भी नहीं आया।"

सतीश ने गीता के तर्क को खारिज करने की कोशिश की, "बेटा वह उनका शौक है और उनकी मोटर साईकिल भी हमारी कारों की कीमतों से भी बहुत महंगी होती हैं। तुम राजा भोज और गंगू तेली की आपस में तुलना करने जैसी बात कर रही हो।"

गीता अपने प्यार की दृढ़ता को कायम रखकर बोली, "पापा जी उनके पास जीप भी है।"

अपनी बेटी के मुँह से सरगम के लिए 'उनके' शब्द का प्रयोग सुनकर सतीश कुछ कहना ही चाहता था कि उसका लड़का संदीप प्रवेश करता हुआ बोला, "बहन जी आपकी भावनाओं में बह जाने के कारण छानबीन अधूरी ही रह जाएगी इसलिए मैं ही इसको अंजाम दूँगा।"

संदीप की बात से गीता ने तिलमिलाते हुए उसे टोका, "नहीं भाई साहब आप चिंता न करें मैं अपने आप मैं सक्षम हूँ कि इस बात की पूरी तहकीकात कर सकूँ।"

अगले रविवार को सभी बंगले के लान में बैठे सुबह की चाय की चुसकियाँ ले रहे थे। मंद मंद समीर बह रही थी। फूलों की खुशबू नथूनों में समाकर सभी को प्रसन्नचित कर रही थी। फुर्सत देखकर सतीश ने गीता से पूछा, "हाँ तो बेटा, सरगम के बारे में और कोई जानकारी मिली?"

गीता जैसे ऐसे प्रश्न का इंतजार ही कर रही थी उसने तपाक से बताया, "हाँ पापा जी उसकी कोठी नारायणा विहार में है, वह एम. बी.ए. है, मंगला रेफरिजेरेशन का मालिक है जिसकी देहली, कोलकाता, चेन्नई और मुम्बई में शाखाएँ हैं।"

"अच्छा, उसके घर में और कौन कौन है।"

गीता ने बड़े रूखेपन से मुँह बिचकाकर बोला, "क्या पापा आप भी, मुझे उनके घरवालों से क्या लेना देना। बस मैं तो यह जानती हूँ कि सरगम एक सुन्दर शक्ल सूरत का लुभावना जवान है।"

सतीश ने गीता को समझाने की कोशिश की "बेटी केवल शक्ल सूरत देखने से ही मनुष्य की पहचान नहीं हो जाती, उसकी सीरत जानना भी जरूरी है। कहते हैं न कि "सभी चमकने वाली वस्तु सोना नहीं होती।"

संदीप ने अपने मन की शंका को उजागर करके कहा, "बहन जी आप कुछ भी कहो, मुझे वह आपके लायक अर्थात किसी भी तरह हमारे बराबर रूतबे का आदमी नहीं लगता।"

गीता ने सीधा प्रश्न दागा, "आपने ऐसा कैसे जाना।"

"उसका हमारे सामने उठने, बैठने, आँख चुराकर बात करने का सलीका इत्यादि यह दर्शाता है। माफ करना बहन जी, ऐसे लोग दूसरे के धन पर आस लगाए रहते हैं कि कब मौका मिले और अपना उल्लू सीधा किया जाए। इनका एक पहलू तो चमकदार एवं मन लुभावना होता है परन्तु दूसरा पहलू धूर्ततापूर्ण होता है जो उनके मन की गहराईयों में छुपा होता है अतः शुरू में दिखाई नहीं देता। एक मायने में उन्हें नामर्द भी कहा जा सकता है।"

अपने भाई की बातें गीता को ऊटपटाँग लगी इसलिए वह चिढ़कर जोर से बोली, "बस चुप करो, मैनें अच्छी तरह तहकीकात कर ली है, सरगम के दोनों पहलू चमकदार एवं मन लुभावने हैं उनमें किसी में किसी प्रकार का कोई दोष नहीं है।"

गीता की जिद के आगे किसी की एक न चली। सरगम की चाहत उसके रोम रोम में बस चुकी थी। वह तो उसके पुरुषत्व का आनंद जल्दी से जल्दी चखने को बेताब हो रही थी। न चाहते हुए भी गीता की शादी बड़े धूमधाम से सरगम के साथ कर दी गई।

सतीश के अधिकतर मेहमानों को यह जानकर अति आश्चर्य हुआ था कि इससे पहले उन्होंने सरगम को आज तक अपने परिजनों के बीच कहीं कभी नहीं देखा था। वे सरगम के परिवार की हैसियत का अंदाजा ही लगाते रह गए। शायद दूसरों के मामले में नाहक टांग अड़ाने का कोई औचित्य न समझ सभी चुप रहे तथा आशीर्वाद देकर चलते बनें।

गीता की शादी में आए उपहारों से उसकी कोठी का एक कमरा पूरा भर गया था परन्तु गीता को उन्हें खोलकर देखने की अभी कोई अभिलाषा नहीं थी। वह तो सिमटी, सुकड़ी, मुख पर शर्मिला आंचल ओढ़े अपनी उस अभिलाषा के पूर्ण होने का इंतजार कर रही थी जब वह सरगम का सानिध्य पाकर उससे शारीरिक सम्बन्ध बनाकर वह कच्ची कली से एक फूल बन जाएगी और उसे अपने पत्नी बनने का एहसास होगा।

हालाँकि गीता पहले भी सरगम को कई बार छू चुकी थी परन्तु आज न जाने क्यों उसे सब कुछ अजीब और रोमांचित लग रहा था जिसे महसूस करके उसके शरीर में बार बार सिरहन सी दौड़ जाती थी।

सरगम के नजदीक आते ही गीता का दिल जोर जोर से धड़कने लगा। दिल की आवाज कानों में ऐसी ध्वनि प्रवाहित करने लगी जैसे हजारों घंटियाँ बज रही हों। जैसे बसंत आने से पहले पेड़ पौधे अपने पुराने पत्तों से निजात पाते हैं उसी प्रकार गीता और सरगम भी अपने जीवन में बसंत ऋतु सामान खुशहाली और हरियाली लाने के लिए निर्वस्त्र होने लगे।

इसके बाद की सुखद अनुभूति, एक दूसरे में समा जाने का एहसास, इतना आनंदमयी एवं मधुर होता है गीता ने सपने में भी नहीं सोचा था। वास्तव में ही उसने ऐसा पूर्ण पुरूष पा लिया था जिसकी उसने हमेशा से ही कल्पना की थी।

आज शादी की गहमा गहमी समाप्त हो गई थी। मेहमान विदा हो चुके थे। अपनी नन्द शीला के कहने पर सरगम ने उसके साथ मिलकर उपहारों को खोलना शुरू कर दिया। बड़े बड़े एवं कीमती उपहार, अधिकतर धनाढ्य समाज से सम्बंधित, गीता के पापा जी या संदीप

के दोस्तों की तरफ से आए थे। छोटे एवं मध्य दर्जे के उपहारों में गीता की सहेली, सरगम के साथी और अनजान लोगों द्वारा दिए गए थे।

गीता उपहारों को देख देख कर बहुत खुश हो रही थी तथा उन पर लगे लेबलों को पढ़कर शीला को बताती जा रही थी कि उपहार देने वाले से उसका क्या रिश्ता था। अबकी बार जो पैकेट सरगम के हाथ में आया उस पर लिखा था 'मधु सूदन गुप्ता, प्रोपराइटर मंगला रेफ्रिजेरेशन, बी.सी.-41 नारायणा विहार।' एक बार को तो गीता लिखे हुए को जल्दी में पढ़ गई परन्तु अचानक उसे कुछ याद आया। उसने दोबारा उस कार्ड को ध्यान से धीरे धीरे पढ़ा। मधु....सूदन....गुप्ता... प्रोपराईटर....मंगला....रेफ्रिजेरेशन। गीता ने कॉर्ड को कई बार पढ़ा और हर बार उसकी उत्तेजना बढ़ती गई। अंत में वह शून्य होकर रह गई। उसकी नन्द शीला जो गीता के चेहरे के बदलते भाव देख रही थी उसकी ऐसी हालत देख कर पूछा, "क्या हुआ भाभी जी?"

गीता ने बहाना बनाया, "कुछ नहीं, थोड़ा सिर दर्द हो गया है। अब बाकी के उपहार के डब्बे कल खोल कर देखेंगे।"

शीला के चले जाने के बाद गीता ने एक बार फिर अलट पलट कर उस डब्बे पर लगे कार्ड को देखा तथा बुदबुदाई, "मंगला रेफ्रिजेरेशन का....मालिक....तो सरगम है....फिर इस कार्ड पर.... कैसे....लिखा है....मधु....सूदन....गुप्ता।

गीता इस उलझन का उत्तर ढूँढने के लिए, पिंजरे में बंद एक घायल शेरनी की तरह, कमरे में इधर उधर चक्कर काटने लगी कि उसकी नजर सरगम द्वारा अपनी शादी के लिए छपवाए गए निमंत्रण कार्ड पर, जो सामने की मेज पर रखा था, पड़ गई। सरगम पर अपना विश्वास पक्का करने के लिए, परन्तु धड़कते दिल से, उसने कार्ड पर लिखे मजबून को पढ़ना शुरू कर दिया। अंत के शब्द गीता ने बहुत

धीमे धीमें पढ़े....बी...सी–41....नारायणा....विहार–नई....देहली पर पधार कर कृतार्थ करें। जब कांपते हाथों से गीता ने उपहार पर चिपके कार्ड पर लिखे पते का मिलान शादी के कार्ड पर दिए गए पते से किया तो पाया कि दोनों जगह का पता एक ही था। अचानक उसे पूरा कमरा घूमता हुआ नजर आया।

वह बेसुध सी निढाल होकर जमीन पर बैठ गई। उसकी आँखों से अश्रु धारा बहने लगी। उसके जहन में कई प्रकार के प्रश्न उठने लगे, तो क्या सरगम मंगला रेफ्रिजेरेशन का मालिक नहीं, क्या यह कोठी भी उसकी नहीं, क्या उसने मुझे इतना बड़ा धोखा दिया, वह इतना बड़ा फरेबी है और उसने मेरे साथ इतना बड़ा विश्वासघात किया इत्यादि।

गीता को अपने माता, पिता एवम् भाई की कथनी याद आने लगी। उन्होंने उसे कितना समझाया था परन्तु उसने उनकी एक न सुनी थी। वह सरगम की ऊपरी चमक से चकाचौंध होकर अंधी सी हो गई थी, अपनी सुध बुध खो बैठी थी। वास्तव में ही वह सरगम का एक पहलू ही देखकर इतनी प्रभावित हो गई थी कि दूसरे पहलू को, अपने घर वालों की चेतावनी के बावजूद, जाँचने की जरूरत ही नहीं समझी।

उसकी आँखों से झरझर आँसू बह रहे थे। वह सोचने लगी, सरगम मंगला रेफ्रिजेरेशन का मालिक नहीं है, तो कोठी उसकी कैसे हो सकती है, तो फिर सरगम क्या, वह कहाँ रहता है? इन्हीं विचारों में खोई वह बेसब्री से सरगम के आने का इंतजार करने लगी

गीता की सूजी हुई लाल आँखें, चेहरे का बहता मेकअप, गाल पर रिस्ते आंसू और स्थिर चक्षु देखकर सरगम सकते में आ गया। जिसे वह सुबह खिलते ताजा गुलाब की तरह छोड़कर गया था वह

अब ऐसे लग रही थी कि न जाने कितने दिनों से बीमार रही होगी। वह समझ नहीं पाया की गीता को क्या हो गया है क्योंकि सरगम उसकी मनोभावना से अभी तक अनभिज्ञ था।

सरगम ने गीता के चेहरे को अपनी हथेलियों के बीच लेने को कदम आगे बढ़ाया ही था कि गीता दो कदम पीछे हट गई। सरगम अचंभित रह गया कि सुबह तक जो गीता खुद उससे अलग नहीं रहना चाहती थी क्या उसके शरीर में कांटे उग आए हैं जो वह मुझ से दूर भाग रही है। सरगम ने माजरा जानने के लिए अपना मुँह खोलना ही चाहा था कि उसकी आवाज गीता के प्रश्न तले दबकर रह गई जब उसने आँखें तरेर कर पूछा "कोठी कब खाली करनी है?"

गीता के द्वारा अचानक किया गया प्रश्न सरगम को हतभ्रत कर गया। उसे जवाब देते न बना। उसकी जबान जैसे उसके पेट में उतर गई थी। वह कुछ बोल न सका। बस गीता को टुकुर टुकुर देखता रह गया। सरगम को काठ की मूर्ति बना देख गीता ने एक बार फिर जोर देकर अपना प्रश्न दोहराया, "कोठी कब खाली करनी है?"

गीता को सच्चाई जानने का उतावलापन पल पल बढ़ता जा रहा था। उसने सरगम का मुँह खुलते न समझ आगे बढ़कर उसे झकझोर कर पूछा, "इस कोठी में हम कितने दिन और रह सकते हैं। मंगला रेफ्रिजेरेशन के मालिक इसमें कब आकर रहने वाले है?"

गीता परत दर परत सरगम की झूठी शानौ शौकत का पर्दाफाश करती जा रही थी और सरगम के पास काठ की मूर्ति बन उसकी बात सुनने के अलावा कोई चारा नहीं था। अंत में थककर एवम् पस्त होकर रोते हुए गीता ने पूछा, "अब मुझे इतना तो बता दो कि आप हो क्या?"

यह जानकर कि गीता को उसके फरेब की पूरी कहानी पता चल गई है सरगम अपना माथा पकड़ कर धम्म से पलंग पर बैठ गया और धीरे धीरे अपनी बखिया खुद ही उखेड़नी शुरू कर दी, "गीता मैंने हर कदम पर तुम्हें धोखा दिया है। मैं मंगला रेफ्रिजेरेशन में कुछ भी नहीं हूँ। यह कोठी भी मेरी नहीं है। मैं रेफ्रिजेरेशन का कोर्स कर रहा था। एयरपोर्ट मेरा आखिरी पड़ाव था। यहाँ मैं कॉलेज द्वारा प्रेक्टिकल ट्रेनिंग के लिए भेजा गया था। आप से मुलाकात होने पर एक ही नजर में आप मुझे भा गई। आपका हाल भी वैसा ही था। न चाहते हुए भी मेरे होठों पर ताले पड़ गए और आपने मुझ पर अंध विश्वास कर लिया। जब मैंने आपके घर का रहन सहन देखा तो मेरे काले मन ने एक और दबी इच्छा की पूर्ति के सपने दिखाने शुरू कर दिए। मैंने सोचा कि आपके पिता जी के सहारे मैं भी तर जाऊँगा। यह हकीकत है कि मैं आपको दिलोजान से चाहता हूँ, मैं आपको खोना नहीं चाहता था, कृप्या मुझे माफ कर दो।"

गीता अपने में खोई थी वह कुछ न बोली परन्तु अंदर ही अंदर बुदबुदाई, "माफी तो आप मांगोगे ही परन्तु एक झूठे, फरेबी, विश्वास घाती और घमंड़ी को उसकी औकात दिखाना भी तो जरूरी है।"

गीता को विचारों में खोया देख सरगम उसके नजदीक गया और हाथ जोड़कर गिड़गिड़ाया, "प्लीज गीता मुझे माफ कर दो।"

सरगम की बात सुनकर गीता को ऐसा लगा जैसे उसके सिर पर आसमान गिर गया हो। उसने अपने आपको सम्भाला और मन को दृढ़ करके साफ शब्दों में कहा, "माफी तो आपको माँगनी पड़ेगी परन्तु मेरे घरवालों से। अब तो आप उनके दामाद हो। मैं जानती हूँ कि वे अपने जमाई को माफ अवश्य कर देंगे।"

सरगम चुपचाप गीता की बातें सुनता रहा। वह आगे बोली, "देखों सरगम मेरे घरवाले तो हमेशा से इस रिश्ते के पक्ष में नहीं थे।

उन्होंने सही कहा था कि आप जैसे लोगों के दो पहलू होते हैं। एक लुभावना जो सबको दिखता है तथा दूसरा धूर्ततापूर्ण जो उनके मन की गहराईयों में अदृश्य छुपा होता है जिसकी किसी को जानकारी नहीं होती। ऐसे लोग आधे अधूरे कहलाते हैं और उन्हें नामर्द भी कहा जा सकता है। मैं आप से छुटकारा पाना चाहूँ तो आपके ऊपर नामर्द का इल्जाम लगाकर ऐसा कर सकती हूँ।''

गीता का आखिरी वाक्य सुनकर सरगम सिर से पाँव तक काँप गया। उसने कुछ कहना चाहा परन्तु शब्द उसके मुँह में ही अटके रह गए। सरगम की ऐसी हालत देखकर गीता को दु:ख भी हुआ और ग्लानि भी अतः बोली, ''मैंने तुमसे सच्चा प्यार किया है इसलिए मैं ऐसा हरगिज नहीं करूँगी परन्तु पश्चाताप अवश्य करूँगी।''

गीता के मुँह से पश्चाताप का नाम सुनकर सरगम दुविधा में पड़ गया और पूछा, ''कैसा पश्चाताप?''

गीता अब अधिक देर सरगम की संगत में नहीं रहना चाहती थी अतः यह कहते हुए बाहर निकल गई, ''मैं अब पीहर जा रही हूँ और जब मेरे घरवालों की नजरों में आप मेरे लायक हो जाओंगे तभी होगा मेरा गौणा।''

सरगम अवाक गीता को जाते देखता रहा। आज उसे अहसास हो गया था कि वास्तव में ही वह एक आधा अधूरा इंसान है। गीता ने आज उसकी आँखे खोल दी थी। उसने प्रण लिया कि वह अपनी प्रेयसी को वापिस हासिल करने के लिए कड़ी मेहनत करके उसकी दिली इच्छा को पाकर ही कराएगा गीता का गौणा।

अब तू ही बता बेटा

"राम अवतार"

15 मंजिल की उस इमारत में ऐसा कोई व्यक्ति न होगा जो इस नाम से परिचित न हो। इमारत के अन्दर की बात ही क्यों, उस बिल्डिंग के आस पास के चाय स्टॉल, खोमचे, ढाबे, साईकिल स्टैंड, स्कूटर स्टैंड, कार स्टैंड, यहाँ तक कि जूतों पर पालिश करने वाले तक भी इस नाम से बखूबी परिचित थे। राम अवतार की इस मशहूरी के कई कारण थे।

राम अवतार एक बहुत ही लुभावने व्यक्तित्व का स्वामी था। उसकी लम्बाई लगभग छः फुट, हृष्ट पुष्ट शरीर, चौड़ी छाती, काले बाल, बड़ी बड़ी आँखें, हाथी जैसी मस्त चाल, तथा चेहरे पर हमेशा बिखरती मुस्कान बरबस सभी को आर्कषित कर लेती थी। उसका ललाट हमेशा दमकता रहता था जैसे उससे कोई प्रकाश फूट रहा हो।

जैसे उत्तर प्रदेश में रहने वाले व्यक्ति को मीठा अधिक खाने का शौक होता है उसी प्रकार पुरानी दिल्ली के सीता राम बाजार के रहने वाले हर शख्स को चाट पत्ता चाटने का शौक होता है। अपनी आदत से मजबूर राम अवतार भी पूरा दिन बिना पत्ते चाटे कैसे गुजार सकता था इसलिए जब राम अवतार यहाँ बदली होकर आया था तो अपने साथ सीता राम बाजार से एक चाट पते वाले को भी लाकर यहीं स्थापित कर दिया था। देखते ही देखते इस इलाके में चाट पत्ते वाले

इतने हो गए कि उस स्थान का नाम ही राम अवतार स्टैंड दे दिया गया।

इसी प्रकार जैसे किसी समारोह में अगर कोई अति विशिष्ट व्यक्ति शिरकत करता है तो अपने असली ध्येय से हटकर लोग उसकी और आकर्षित हो जाते हैं तथा मेजबान अपने आप को धन्य समझने लगता है। उसी प्रकार राम अवतार जिस भी खोमचे वाले किसी भी ढाबे या किसी भी पॉलिश वाले के पास पहुँच जाता था तो वह अपने को भाग्यवान समझने लगता था। अर्थात् बारह खम्बा रोड पर राम अवतार की गिनती एक अति विशिष्ट व्यक्तियों में होने लगी थी।

राम अवतार अपने काम में भी माहिर था। ऐसा कोई व्यक्ति मिलना मुश्किल ही था जो उसके काम से खुश न था। उसने कभी भी, किसी को भी, किसी काम के लिए भी, जो उसकी परिधि में आते थे, मना नहीं किया होगा। जिसने जो भी काम कराने की उससे गुजारिश की उसने वह काम करा दिया या खुद कर दिया।

राम अवतार अपने ऑफिस में आने वाले हर व्यक्ति को अपने मेहमान की तरह समझता था। उसका आदर सत्कार बड़े अदब से करता था। कुशल क्षेम पूछने के साथ साथ आगंतुक को पानी दिया जाता फिर चाय का दौर चलता। इस दौरान आगंतुक के आने के तात्पर्य के अनुसार उसका काम कर दिया जाता या पूरा करने का वायदा किया जाता। अर्थात् उसको संतुष्ट करने की पूरी पूरी कोशिश की जाती।

राम अवतार की बोली में मिठास, शालीनता, अदब, मधुरता एवं कोमलता कूट कूट कर भरी महसूस होती थी। आने वाला चाहे छोटा हो या बड़ा बातें करते समय राम अवतार 'जी' शब्द का प्रयोग प्रचूर मात्रा में करता था। अर्थात् वह हर बोले गए वाक्य के पीछे जी शब्द

अवश्य जोड़ता था इसलिए सामने वाला व्यक्ति उसको निहायत शरीफ व्यवहारिक इंसान समझता था।

राम अवतार ऑफिस खुलने से एक घंटा पहले वहाँ पहुँच जाता था। इस दौरान वह अपने आधीन कर्मचारियों से सारे ऑफिस की सफाई कराता था।

बड़े पदाधिकारियों की मेजों पर फूलदान सजवाता था। बाथरूम वगैरह की साफ सफाई का निरीक्षण करता था। पीने के पानी इत्यादि सभी चीजों का ठीक से इंतजाम हो गया या नहीं इसका पूरा ख्याल रखता था।

इन सब कार्यो के साथ साथ राम अवतार ऑफिस में रोजमर्रा में आने वाली उन सभी वस्तुओं का भी ध्यान रखता था मसलन स्टेशनरी, पीने का पानी, सफाई कराने का सामान, कम्प्यूटर तथा एयर कंडीशनर इत्यादि।

काम का इतना बोझ होने के बावजूद जिस व्यक्ति के चेहरे पर एक शिकन तक न आए, जिसकी शालीनता बरकरार रहे, जिसका चेहरा मुस्कान बिखेरता महसूस हो, वह राम अवतार की तरह तो वैसे ही लगने लगता है। यही कारण था कि लोग दिल से ही उसे राम अवतार मानने लगे थे।

राम अवतार की अपनी मेज पर हाथ से दबाकर बजाने वाली एक घंटी रखी रहती थी। जब कोई आगंतुक उसके कमरे में दाखिल होता तो पहले राम अवतार अपनी आदत अनुसार उसे बड़े आदर सत्कार देते हुए बैठने के लिए कहता। फिर घंटी को उतनी बार बजाता जितने आदमी अन्दर आए हों। उसकी घंटी एक बार में दो जगह सूचना पहुँचाती थी। एक तो पानी वाले के पास दूसरे चाय वाले के पास। इसलिए आगंतुक के लिए पहले पानी आता था फिर चाय

आ जाती थी। आने वाले का हृदय राम अवतार का सेवा भाव देख कर गदगद हो उठता था। वह अपने व्यवहार तथा बातों से अपने ग्राहकों को हर प्रकार से इतना संतुष्ट कर देता था कि वे राम अवतार की भूरी-भूरी प्रशंसा करते हुए थकते नहीं थे।

इसके अलावा राम अवतार की घंटी बजाने का एक अन्दाज निराला ही था। कभी कभी वह अपनी घंटी आदमियों के अन्दर आने के हिसाब से बजाने के बाद एक लम्बी घण्टी बजाता था। इस लम्बी घंटी बजाने का उसका एक खास मकसद होता था जो कभी किसी की समझ में नहीं आया।

अपनी लम्बी घंटी से राम अवतार चाय वाली दुकान के मालिक रामधन को, जो उसका अपना नजदीकी रिश्तेदार था, एक खबर पहुँचाता था कि आज का ग्राहक नया है इसलिए वह आकर नव आगंतुक को पहचान ले तथा उसके साथ तय मेरी शर्तों को ध्यान से सुन ले। चाय स्टाल का मालिक रामधन, राम अवतार व नए ग्राहक के बीच होती पूरी वार्ता को सुनता तथा राम अवतार का इशारा पाकर नीचे जाकर नए ग्राहक के बाहर निकलने की प्रतिक्षा करता रहता। नए ग्राहक से, रामधन उसके काम कराने की महत्ता के अनुसार, जो राम अवतार ने पहले से ही तय कर रखे थे, पैसे वसूल लेता था। ग्राहक राम अवतार के सेवा भाव से इतने प्रभावित हो चुके होते थे कि उन्हें अपनी अंटी ढीली करने में न तो कोई हिचकिचाहट होती थी न कोई गम।

राम अवतार ने जब से इस ऑफिस में कार्य भार सम्भाला था शायद ही उसने कभी लम्बी छुट्टियाँ ली होंगी। ऑफिस में सुबह आकर वह भूल सा जाता था कि उसका कोई घर भी है। वह देर रात को ही घर पहुँचता था। रविवार व दूसरी छुट्टियों में भी वह अपने बड़े ऑफिसरों के घर फर्नीचर इत्यादि भिजवाने या उनके यहाँ कोई

रिपेयर वगैरह का काम निपटवाता रहता था। हालाँकि अपने घरवालों को उसने सभी प्रकार की सुविधाएँ मुहैया कराई हुई थी परंतु उसके घरवालों को उसकी खुद की अनुपस्थिति का अभाव हमेशा खलता रहता था। शायद उसके इस व्यवहार से राम अवतार के परिवार के सदस्य ऊब गए थे।

तभी तो एक दिन जब राम अवतार अपने ऑफिस पहुँचा तो उसके चेहरे का तेज नदारद था। उसका ललाट जो हमेशा चमकता तथा खिला रहता था आज मुरझाया हुआ था। उसकी चाल में दम नहीं था तथा उसका शरीर निर्जीव सा जान पड़ रहा था। वह आते ही धम्म से अपनी कुर्सी में समा गया। उस दिन उसने किसी प्रकार का कोई निरीक्षण नहीं किया। ऑफिस के सभी लोगों के बहुत अनुरोध करने पर बड़े ही अनमने मन से उसने अपनी जबान खोली, "घरवाले चाहते हैं।"

थोड़ी देर तक तो लोग सोचते रहे कि राम अवतार आगे कुछ बोलेगा परंतु जब काफी देर तक वह कुछ नहीं बोला तो उसके एक साथी को पूछना ही पड़ा, "घरवाले क्या चाहते है?"

राम अवतार ने मरी सी आवाज में कहा, "मौज मस्ती मनाना?"

"कहाँ और कैसे?"

"बाहर किसी पहाड़ी स्थल या फिर समुंद्र के किनारे।"

"तो फिर इसमें अड़चन क्या है, चले जाओ।"

"चला जाऊँ", फिर राम अवतार कुछ सोचकर तथा अपने साथियों की तरफ निहार कर जैसे किसी दुविधा में हो, "परंतु...।"

राम अवतार के सभी साथी आश्चर्य चकित होकर, "परंतु क्या, अरे सर तुम्हारे पास छुट्टियाँ हैं ही और आपका सालाना भत्ता भी बनता है फिर किस बात की चिंता?"

“यह तो सब ठीक है परंतु...।”

“फिर वहीं परंतु”, यह किसी की समझ में नहीं आ रहा था कि राम अवतार का वह परंतु क्या था।

अपने साथियों के बहुत आग्रह करने पर आखिर राम अवतार ने अपने दिल का राज खोल ही दिया, “देखों भाई लोगों किराया तो मुझे मिल ही जाएगा परंतु यह है कि ऊपर का जो खर्चा होगा वह मैं कहाँ से लाऊँगा?”

राम अवतार के सभी सुनने वाले साथी आश्चर्य चकित होकर एक दूसरे का मुँह ताकने लगे। किसी को भी विश्वास नहीं हो रहा था कि राम अवतार जो कह रहा था वह सही था।

खैर लोगों के समझाने तथा अपने परिवार के सदस्यों को खुश करने के लिहाज से अपना मन मार कर राम अवतार ने दस दिनों की छुट्टियाँ लेकर अपने परिवार के साथ घूमने जाने का प्रोग्राम बना लिया।

राम अवतार के छुट्टी जाने से सबसे अधिक खुशी जिसे हुई वह था राम गोपाल। राम गोपाल, राम अवतार का सहायक था। राम अवतार की गैर मौजूदगी में राम गोपाल को ही सारा कार्य भार सम्भालना था। राम अवतार के जाने के बाद उसकी चारों उंगलियाँ घी में होंगी यही सोच सोच कर उसके मन में लड्डू फूट रहे थे। हुआ भी ऐसा ही। राम अवतार के जाने के बाद होटल का मालिक रामधन एक लम्बी घंटी सुनने को तरस गया। तीन चार दिनों में ही उसके होटल की सारी चहल पहल एवं गहमा गहमी समाप्त हो गई थी। इन दिनों राम गोपाल ने रामधन के माध्यम से काम करना उचित नहीं समझा क्योंकि उसे डर था कि वह उसके सारे हिसाब किताब का कच्चा चिट्ठा राम अवतार के आने पर उसके सामने खोल देगा।

अत: राम गोपाल ने सारा लेन देन अपने ऑफिस में खुद ही शुरू कर दिया था।

राम अवतार को छुट्टी गए आज पाँचवा दिन था। राम गोपाल ऑफिस में अपना व्यापार करने में मशगूल था। एक ग्राहक धनराज राम गोपाल की मेज के दूसरी तरफ बैठा था। दोनों किसी लेन देन के वार्तालाप में व्यस्त थे।

धनराज शायद अपना काम कराने की कुछ जल्दी में था अत: बोला, ''साहब यह काम आज ही करा दो।''

राम गोपाल ने आश्वासन देते हुए कहा, ''करा दूँगा आज ही करा दूँगा।''

धनराज अपनी मन की मुराद को पूरा होते सोच, ''तो क्या पेश किया जाए।''

''मात्र तीन'', राम गोपाल का छोटा सा जवाब था।

धनराज ने अपनी जेब में हाथ डाला तथा कुछ निकाल कर राम गोपाल की ओर बढ़ाते हुए, ''अच्छा ये लो पेशगी बाकी काम होने के बाद।''

राम गोपाल रुपये थामते हुए, ''अच्छा ठीक है।''

''तो मैं जाऊँ'', कहते हुए धनराज उठने का उपक्रम करता है।

इससे पहले कि राम गोपाल कुछ बोलता सामने से आवाज आई, ''अरे भाई साहब जाने की इतनी जल्दी क्या है? कुछ ठंडा गर्म पीकर जाना।''

आवाज को सुनकर राम गोपाल ठगा सा रह गया। अचानक राम अवतार को देखकर राम गोपाल का मुँह खुला का खुला रह गया तथा

वह किंकर्तव्यमूढ़ हो गया। उससे इतना भी नहीं बन पड़ा कि अपने हाथ में थामे पैसे जेब में रख लेता।

राम अवतार ने आगे बढ़कर एक झटके में राम गोपाल के हाथ से रुपये झटक लिए तथा मेज पर ही बैठते हुए बोला, "तो ये सब हो रहा है मेरे पीछे से?"

राम गोपाल अपनी चोरी पकड़ी जाने पर सकपका गया "सर-सर-ये तो-ये तो।"

राम अवतार ने डपटते हुए, "क्या हकलों की तरह लगा रखी है ये तो ये तो।"

राम गोपाल गिड़गिड़ाते हुए बोला, "सर मुझे माफ कर दो।"

राम अवतार ने बहुत ही मासूमियत से कटाक्ष किया, वैसे संगीन जुर्म को माफ करने वाला भला मैं कौन होता हूँ।"

राम गोपाल राम अवतार के पैरों की तरफ हाथ बढ़ाते हुए, "सर आईन्दा से मैं ऐसा नहीं करूंगा। अबकी बार तो ये पैसे लौटा दो। मैं फिर कभी........।"

"पैसे लौटा दूँ?" राम अवतार ने इस अन्दाज में उत्तर दिया जैसे सोच रहा हो कि पैसे लौटाने की जगह उसे सजा मिलनी चाहिए

राम गोपाल लगातार गिड़गिड़ा रहा था, "सर मेरे बच्चों को ढंग से दो समय का खाना भी नसीब नहीं हो पाता है। एक छोटी सी तनख्वाह में सात आदमियों का गुजारा मुश्किल है। इसलिए मैने.....।"

"तेरे बच्चों का गुजारा नहीं हो पाता, तेरे बच्चों का पेट नहीं भरता। तू जरा मेरे बारे में भी सोच कि मैं दस दिनों की छुट्टियाँ लेकर गया था परंतु पाँच दिनों में ही लौट आया। क्योंकि मेरे पास

खर्च करने को पैसा ही नहीं बचा था।'' राम अवतार ने राम गोपाल के हाथ से झटके रूपयों को अपनी जेब में ठूंसते हुए आगे कहा, ''अरे मूर्ख। अगर मैंने ये रूपये तुझे लौटा दिए तो मेरे बच्चों का पेट कैसे भरेगा? अब तू ही बता बेटा?''

ममता

दिनेश आज बहुत दिनों बाद अपने दोस्त राकेश से मिलने जा रहा था। इन दोनों ने सोलह साल एक साथ एक ही नौकरी में गुजारे थे। दिनेश राकेश से दो साल पहले ही नौकरी छोड़ आया था तथा अपने पैतृक मकान, जो देहली में था, रह रहा था। राकेश हाल ही में नौकरी छोड़कर आया था तथा एक वकील के तौर पर फरीदाबाद कोर्ट में कार्यरत हो गया था। फरीदाबाद पहुंच कर दिनेश ने दूर से देखा कि राकेश के घर के दरवाजे पर कई लोग मुँह लटकाए मातम करने जैसी मुद्रा में बैठे हैं। ऐसा देखकर दिनेश का माथा ठनका। एक अनजान आशंका ने उसे जकड़ लिया। तरह तरह के कई विचार उसके मन में उठने लगे। उसे ज्ञात था कि उसके बड़े लड़के की बहू को पूरे दिन चढ़े हुए थे। उसके मन में ख्याल आया कि कहीं उसके साथ तो कुछ गड़बड़ नहीं हो गई है। वह एक बार को काँप गया। उसने अपने आप को सम्भाला तथा तेज कदमों से राकेश के घर की और बढ़ने लगा।

राकेश के घर के दरवाजे पर उसके मामा जी खड़े थे अतः दिनेश ने उन्हीं से पूछा, ''क्या हुआ मामा जी?''

मामा जी ने घूरती निगाहों से प्रताप की तरफ देखा तथा बोले, ''क्या बताएँ कुछ भी तो नहीं हुआ।''

इस पर दिनेश ने प्रताप की और मुखातिब होकर पूछा, ''प्रताप कुछ तू ही बता। सब खामोश क्यों बैठे है?''

प्रताप जो राकेश का लड़का था जल्दी से उठकर दिनेश के कंधे पर अपना सिर रखकर रोने लगा।

दिनेश प्रताप के सिर पर हाथ फेरते हुए, "ऐसा क्या हो गया जो तू रो रहा है? सभी रिश्तेदारों के चेहरे भी ढलके हुए हैं।" प्रताप उसी दशा में रोते रोते कहने लगा, "अंकल मैं बर्बाद हो गया।"

दिनेश ने इधर उधर देखा अधिकतर रिश्तेदारों के चेहरे मुरझाए हुए थे।

परंतु जब उसे राकेश दिखाई नहीं दिया तो वह प्रताप से बोला, "तुम तो पहेलियाँ सी बुझा रहे हो। तेरे पापा कहाँ हैं में उससे ही पूछ लेता हूँ कि माजरा क्या है?"

दिनेश घर के अन्दर प्रवेश करते हुए कहता जा रहा था, "अरे वकील साहब कहाँ हो? क्या बात हो गई? घर में ऐसी मुर्दानगी क्यों बिखरी हुई है?"

अपने दोस्त की आवाज पहचान कर राकेश बाहर आते हुए बोला, "आओ दिनेश भाई। अबकी बार तो बहुत दिनों बाद आना हुआ।"

"हाँ, बस कुछ काम ऐसे निपटाने पड़ गए कि आना ही न हो सका। वैसे सब कुशल से तो है?"

"आओ बैठो। फिर बताता हूँ।"

"वकील साहब मैं बैठ तो जाऊँगा परंतु पहले मेरे मन की दुविधा को दूर करो।"

"किस दुविधा की बात कर रहे हो, दिनेश भाई।"

"वकील साहब बाहर सभी मुँह लटकाए बैठे हैं। बल्कि वह तुम्हारा प्रताप तो रो रहा है।"

राकेश थोड़ा तैश में आकर, "साले सब कमीने हैं। बेवकूफ हैं।"

दिनेश ने बड़ी सरलता से कहा, "होंगे। परंतु वकील साहब बात बता कर मेरे मन का उतावलापन तो दूर करो।"

राकेश ने ऐसे अन्दाज में कहा जैसे उसे अपने लड़के प्रताप की नासमझी पर शर्मिन्दगी उठानी पड़ गई हो, "दिनेश भाई बात कुछ भी नहीं है। प्रताप की बहू ने दूसरी लड़की को जन्म दिया है।"

एक लम्बी साँस छोड़ते हुए, मैं तो सभी की मुरझाई हालत देखकर बहुत घबरा गया था कि न जाने क्या हादसा हो गया है।"

अपने मित्र राकेश के विचार सुनकर दिनेश को बहुत सान्तवना मिली। हालाँकि उसे गुस्सा भी आया परंतु मौके की नजाकत को भाँपते हुए हल्की सी झिड़की से ही काम चलाते हुए प्रताप को बहुत कुछ समझा दिया। मसलन, भगवान के दिए हुए दो ही रूप होते हैं। एक लड़का दूसरी लड़की। वैसे सभी यही आशा लगाए रहते हैं कि उनके यहाँ लड़का ही होगा परंतु हर एक को दूसरे रूप को भी सहर्ष स्वीकार करने को तैयार रहना चाहिए। फिर आजकल के जमाने में लड़का हो या लड़की सब बराबर है। यह तो बच्चे के माता-पिता के दम खम की बात होती है कि वह लड़की को पढ़ा लिखाकर कितना ऊँचा चढ़ा सकता है। अतः ये दकियानूसी की बातें दिल से निकाल दो और खुशी खुशी सारे काम पूरे करो। और हाँ अगर एक बार फिर बच्चे की लालसा करो तो किसी भी तरह के परिणाम के लिए तैयार रहकर ही आगे बढ़ना। क्योंकि तुम्हारी किस्मत में जो लिखा है उससे अधिक तुम्हें कुछ नहीं मिलने वाला। तभी तो कहते हैं कि होय वही जो राम रची राखा'।

इसके बाद प्रताप और दो लड़कों का पिता बन गया। प्रताप ने अपने दूसरे लड़के निरंजन के नाम एक मकान बनवा दिया था। एक

मकान उसके पास पहले से ही था जो उसने अपने छोटे लड़के को देने के लिए सोच रखा था।

जीवन सुचारू रूप से चल रहा था। दिन बीतते रहे। बच्चे बड़े होते गए। लड़कों को हर प्रकार की छूट मिली थी। न उनके पहनने पर कोई रोक थी। न उनके खाने पर कोई पाबन्दी। दोनों लड़कों का न रात को घर आने का कोई समय था न सुबह सोकर उठने का। वे स्कूल या कॉलेज से आकर कहाँ जाते हैं तथा क्या करते हैं इसकी किसी को परवाह न थी। लड़कों द्वारा टेलिविजन पर आ रहे गानों पर मटकने पर प्रताप एवं पार्वती बहुत खुशी जाहिर करते थे। उन्हें महसूस होता जैसे उनके बेटे बड़े ही होनहार तथा बुद्धिमान हैं जो समय के साथ चल रहे हैं। अतः प्रताप या उनकी माता जी पार्वती ने उनके किसी भी काम में कभी भी कोई दखल अन्दाजी नहीं की। इसके विपरीत लड़कियों पर हर प्रकार की पाबन्दी थी। देर से आना तो दूर, बचपन से ही थोड़ी देर के लिए भी घर से बाहर वे अपनी सहेलियों के साथ खेल भी नहीं सकती थी। स्कूल से आते ही वे घर की चार दीवारी के अन्दर बन्द होकर रह जाती थी। प्रताप की बड़ी लड़की प्रभा स्वच्छन्द विचारों की एक हंसमुख लड़की थी। किसी तरह अपने माता पिता को समझा बुझाकर उसने स्नातक की डिग्री हासिल कर ली। बचपन से ही उसमे ललक थी कि वह अपने जीवन में ऊँचाइयों को छूकर रहेगी। उन्नति के शिखर पर पहुँचने के लिए वह कुछ भी करने को तैयार थी। स्नातक करने के बाद अब वह अपने मन में वर्षों से संजोई डगर पर चलना चाहती थी। अतः अपने मन की बात प्रभा ने अपनी माँ से कही, ''माँ मैं अब एक कोर्स करना चाहती हूँ।''

माँ ने सरल भाव से पूछा ''बेटी कैसा कोर्स?''

''उसके लिए मुझे पूना जाना होगा।''

अपनी बेटी की बात सुनकर माँ ऐसे लहजे में बोली जैसे प्रभा ने कोई बड़ी अनहोनी बात कह दी हो "तू पूना जाएगी अकेली जाएगी?"

प्रभा ने बड़े ही आत्म विश्वास से कहा, "माँ, अकेली जाने में हर्ज ही क्या है?"

माँ ने लगभग गिड़गिड़ाते हुए अपनी बेटी को समझाना चाहा, "बेटी तूने जिद करके कॉलेज पढ़ लिया। तू अपने बाप को तो जानती ही है। अगर उन्हें तेरे इरादों का पता चल गया तो घर में तूफान आ जाएगा।"

प्रभा अपनी माता पार्वती की बातों से विचलित नहीं हुई तथा अपने शब्दों की दृढ़ता को कायम रखते हुए कहा, "माँ देखो मैं साफ साफ कहे देती हूँ। मैने वर्षो से मन में ठान रखी है कि मैं पूना के फिल्म आर्ट स्कूल में दाखिला लूँगी।"

प्रभा का निश्चय जानकर पार्वती कुछ काँपते हुए, "तू...तू फिल्मों में काम करेगी?" "हाँ माँ" प्रभा का छोटा सा जवाब था।

"परंतु तेरे बाबू जी तो तेरे हाथ पीले करने की जुगत लगा रहे हैं।"

माँ के जवाब में प्रभा ने अपना अटल फैसला सुनाते हुए कहा, "माँ मुझे अभी इस झंझट में नहीं पड़ना। और सुनो माँ, अगर बापू ने मेरे साथ इस मामले में कोई जबरदस्ती करनी चाही तो मैं घर छोड़कर चली जाऊँगी।"

इतने में प्रभा के बाबू जी प्रताप, घर के अन्दर प्रवेश करते हुए अपनी बेटी के आखिरी शब्द "चली जाऊँगी" को सुनकर, "कहाँ जा रही हो बेटी?"

प्रभा पहले अपनी माँ की तरफ देखती है जो डर से काँप रही थी। फिर भी अपना साहस कायम रखते हुए, "कोर्स में दाखिला लेने।"

प्रताप ने अपनी बेटी को घूरती सी निगाहों से देखकर कहा, "कैसा कोर्स। लड़कियों के लिए तो इतना पढ़ना भी ज्यादा है जो तू पढ़ चुकी है। अब आगे कोई कोर्स वोर्स नहीं।"

"परंतु बापू........।"

प्रताप ने हाथ के इशारे से प्रभा को रोककर उसे उसकी बात पूरी भी न करने दी तथा अपना फैसला सुना दिया, "अब तो मुझे तेरे हाथ पीले करने की फिक्र है। कोई खानदानी अच्छा सा लड़का मिल जाए तो मैं मुक्ति पा जाऊँ।"

प्रभा जो शायद अपने भावी जीवन का पक्का फैसला ले चुकी थी बड़ी निडरता से बोली, "बापू मुझे अभी इस बंधन में नहीं बंधना है।"

अपनी बेटी की बात सुनकर प्रताप को जैसे किसी बिच्छु ने डंक मार दिया हो वह तिलमिलाकर गुर्राया, "क्या कहा, तेरी इतनी हिम्मत हो गई कि तू अपने बापू से जबान लड़ाने लगी है।"

बात को बढ़ता देख पार्वती आई और प्रभा को बाँह से पकड़कर अन्दर ले गई। अगली सुबह ऑफिस जाते हुए प्रताप जोर जोर से कहता गया, "कोर्स पर जाकर मेरी नाक कटाएगी, देखता हूँ कैसे कोर्स करेगी।"

अपने बापू के चले जाने के बाद प्रभा सुबक सुबक कर बहुत देर तक रोती रही परंतु ज्यों ज्यों उसके आँसू सूखते गए उसका निश्चय दृढ़ होता गया। वह एक झटके से उठी। उसने अपना सारा रूपया जो उसने अभी तक बच्चों को टयूशन पढ़ाकर इकट्ठा किया था एक

थैले में डाला। अपने एक दो जोड़ी कपड़े भी थैले में रखे और घर छोड़ने के इरादे से मौके का इंतजार करने लगी।

दोपहर का समय था। उसके दोनों भाई बाहर गए हुए थे। माँ थककर सो गई थी। बापू ऑफिस में थे। गलियाँ सुनसान थी। प्रभा ने चुपके से तैयार थैला उठाया और घर से बाहर निकल गई।

शाम को प्रताप जब ऑफिस से लौटा तो उसकी पत्नी ने रो रो कर अपना बुरा हाल कर रखा था। रोने से उसकी आँखे सूज गई थी। शायद वह बहुत देर से रो रही थी। प्रताप घबराकर पूछने लगा, "क्या बात है पार्वती?"

अपने पति को देखकर पार्वती उठी तथा उसके सीने से लगकर बेदम सी आवाज में बोली, "वो चली गई।"

प्रताप ने अपनी पत्नी की बात न समझ उसे झंझोड़ कर पूछा, "कौन चली गई?"

"वह घर छोड़कर चली गई। हमारी प्रभा हमें छोड़कर चली गई "रोते रोते पार्वती निढाल हो रही थी।"

प्रताप ने अपनी पत्नी को सहारा देकर एक बार फिर पूछा, "कहाँ चली गई?"

इस बार पार्वती एक कागज प्रताप को थमा देती है। प्रताप जल्दी जल्दी उस पर लिखा हुआ पढ़ता है।

पूज्य पिता जी एवं माता जी,

इस संसार में बहुत सी और औरतों की तरह मैं भी अपने जीवन में उन्नति करना चाहती हूँ। अपने पैरों पर खड़ा होकर अपने मकसद में कामयाब होना चाहती हूँ। मैं ऊँचाईयां छूना चाहती हूँ। मैनें जान

लिया है कि आपके यहाँ रहते हुए मैं अपने लक्ष्य को नहीं पा सकती अत: मैं जा रही हूँ। मुझे ढूँढने की कोशिश न करना। अगर मुमकिन हुआ तो मैं स्वयं किसी न किसी तरह आपकी खैर खबर लेती रहूँगी। अगर मुझे कभी ऐसा मालूम पड़ा कि आपने मुझे माफ कर दिया है तो मैं आपसे मिलने आ जाऊँगी अन्यथा मैं समझूँगी कि मैं इस दुनिया की भीड़ में अकेली हूँ। नमस्ते।

आपकी बेटी

प्रभा

पत्र पढ़कर प्रताप अपना सिर पकड़कर बैठ गया। उसका सारा शरीर जड़वत सा हो गया। वह बड़बड़ाने लगा, "ऊँचाईयां छूना चाहती है। छू ऊँचाईयां और ऊँचाईयां छूते छूते समा जा आसमान में। अब यहाँ जमीन पर तुझे किसी की खबर लेने की जरूरत नहीं। तू हमारे लिए मर चुकी है।" कहते कहते वह प्रभा की चिट्ठी के टुकड़े टुकड़े करके जमीन पर फेंक देता है। आस पड़ोस के लोगों तथा रिश्तेदारों ने भी प्रभा की खुले दिल से भर्त्सना करने में कसर न छोड़ी तथा उसे धिक्कारा।

समय बीतने लगा। प्रभा को वहीं के लोग क्या सगे सम्बधी भी भूलने लगे। प्रताप अपनी नौकरी से रिटायर हो गया। वह कुछ बीमार भी रहने लगा था। उसकी पत्नी के अलावा उसका दुख दर्द सुनने वाला तथा उसको सहारा देने वाला भी अब कोई नहीं था। क्योंकि प्रताप का बड़ा लड़का अरब देशों में ऐसा गया कि वहीं का होकर रह गया। उसका छोटा लड़का आवारा किस्म का निकला और मौहल्ले की ही एक लड़की से विवाह रचाकर न जाने किस देश में कहाँ जाकर रहने लगा था।

प्रभा ने अपना कोर्स बहुत मेहनत तथा लग्न से पूरा कर लिया। उसकी काबिलियत के कारण उसे हॉलिवुड में फिल्मों के लिए चुन

लिया गया। प्रभा ने दिन दूनी रात चौगुनी तरक्की करनी शुरू कर दी। ऐसा दिन कोई न जाता जब अखबारों में उसकी कोई खबर न छपी होती।

एक तरफ प्रभा ऊँचाईयां छूती जा रही थी दूसरी और उसके गाँव में उसके घर की हालत दिन ब दिन बदतर होती जा रही थी। प्रताप ने चारपाई पकड़ ली थी। घर में फाके होने शुरू हो गए थे। कोई उनकी खबर लेने वाला न था। मौहल्ले पड़ोस के लोगों के साथ साथ उनके रिश्तेदारों ने भी उनकी तरफ से अपनी नजरें चुरानी शुरू कर दी थी।

एक दिन समाचार पत्रों में खबर छपी कि हॉलिबुड की मशहूर अभिनेत्री प्रभा दलित बच्चों के लिए भारत के फरीदाबाद कस्बे के पास एक "फन एंड फूड" संस्थान का उद्घाटन करने आ रही है। खबर जानकर प्रभा के गाँव के लोगों में हर्ष की लहर दौड़ गई। सब उस समय का उतावलेपन से इंतजार करने लगे जब वे प्रभा के दर्शन पाकर अपने को भाग्यवान समझेंगे जिससे आज से दस वर्ष पहले वे अचानक घृणा करने लगे थे। सभी लोगों ने एकमत होकर फैसला किया कि प्रभा को अपने गाँव लाया जाएगा। इसलिए पूरे गाँव की साफ सफाई खूब जोर शोर से प्रारम्भ कर दी गई। हर आदमी अटकलें लगाने लगा कि किसी तरह प्रभा उसके घर अवश्य आए। देखते ही देखते वह दिन भी आ गया जिसके लिए गाँव दुल्हन की तरह सज गया था।

खबर से पार्वती का मन भी हिलौरें मार रहा था। उसने अपने बीमार पति से कहा, "क्यों जी। आज तो हमारी प्रभा आ रही है।"

प्रताप ने बड़े ही बुझे मन से जवाब दिया, "हाँ, आ तो रही है। पर उससे क्या।"

पार्वती ने अपनी जिज्ञासा छिपाते हुए पूछा, "क्यों क्या वह हमसे मिलने नहीं आएगी?"

प्रताप ने अपने मन की शंका उड़ेली, "वह हमसे घृणा करती होगी।"

माँ की ममता उफान ले रही थी, "आप ऐसा क्यों सोचते हो? अगर बुरा न मानों तो एक बात कहूँ?"

प्रताप अपने को बहुत निर्बल महसूस कर रहा था। वह धीरे से बोला, "कहो। अब अपने आखिरी समय में बुरा मान कर क्या करूँगा।"

पार्वती को अपने पति द्वारा आखिरी समय कहना अच्छा न लगा अतः तपाक से बोली, "ऐसा क्यों कहते हो जी। मैं तो पूछ रही थी कि मौहल्ले पड़ोस के सभी मर्द तथा औरतें यहाँ तक की बच्चे भी प्रभा को देखने जा रहे हैं। क्या मैं भी......?"

प्रताप ने बड़े टीस भरे अन्दाज में कहा, "अब वह तुम्हे क्या पहचानेगी? लोगों को उसके पास तक फटकने भी नहीं दिया जाएगा। मिलना तो दूर तुम्हें दूर से भी उसके दर्शन नसीब नहीं होंगे।"

"फिर भी मन में लालसा तो है ही", पार्वती का दिल अपने पति की आज्ञा पाने को आतुर होता जा रहा था।

मन तो प्रताप का भी बहुत था कि वह भी अपनी बेटी को देख आए परंतु वह अपने स्वास्थ्य के कारण लाचार था। वह अपना मन मसोस कर बोला, "देख लो तुम्हारी मर्जी।"

फिर अपनी पत्नी को हिदायत देते हुए कहा कि वह भीड़ से थोडा हटकर ही रहे कहीं बुढ़ापे में बेटी को देखने के चक्कर में अपनी हड्डी पसली न तुड़वा बैठे। और हाँ अगर उससे मिलन हो

जाए तो मेरी ओर से माफी.....।'' प्रताप के दोनों नेत्रों में पानी भर आता है और गला अवरूद्ध हो जाता है। वह हाथ के इशारे से अपनी पत्नी को जाने के लिए कह देता है।

पार्वती ने अपनी सोटी उठाई। बगल में एक पोटली दबाई और निकल पड़ी उस राह पर जिस तरफ लोग सैकड़ों की तादाद में लपके जा रहे थे। चलते चलते पार्वती के मन में तरह तरह के विचार उमड़ रहे थे। आज उसके शरीर में एक नया जोश दिखाई दे रहा था तभी तो चलते हुए एक बार भी उसके पैर लड़खड़ाए नहीं थे। न ही उसकी चाल धीमी हुई थी। गंतव्य स्थान पर जाकर देखा तो वह आश्चर्य चकित रह गई। अपने जीवन में उसने पहली बार इतना हज्जूम देखा था। प्रत्येक व्यक्ति सबसे आगे पहुँचने की चेष्टा करता दिखाई दे रहा था जिससे वह उसकी प्रभा को ठीक से निहार सके। इसलिए भीड़ में धक्का मुक्की सी होती प्रतीत हो रही थी।

पार्वती का मन भी सबसे आगे जाने को उतावला था परंतु उसके बूढ़े शरीर में इतनी सामर्थ्य नहीं थी कि वह अपनी बेटी तक पहुँचने के लिए वहाँ उमड़ी भीड़ को चीर पाती। अतः उसने पीछे से ही एक टीले पर चढ़कर प्रभा को निहारना उचित समझा। प्रभा को देखकर पार्वती का मन उमड़ पड़ा। अपने आप ही उसकी आँखे झरझर बहने लगी। पार्वती ने महसूस किया कि प्रभा की निराश सूनी नजरें इतनी भीड़ में किसी अपने को खोज रही हैं। उसका मन उद्घाटन करने में बिल्कुल भी उतावला प्रतीत नहीं हो रहा था। न ही मौहल्ले पड़ोस के और लोगों को देखकर उसके चेहरे पर कोई लम्बी मुस्कान दिखाई दी थी। उसने बुझे मन से रिबन काट कर उद्घाटन तो कर दिया परंतु उसकी आँखे भर आई। प्रभा ने ढीले हाथों से लोगों का अभिवादन स्वीकार किया और उनकी तरफ से अपना मुँह एकदम फेर लिया।

लोगों की भीड़ छँटने लगी। थोड़ी देर में ही मैदान खाली होता सा नजर आया। पार्वती दूर टीले पर खड़ी भीड़ को छँटता देख रही थी। प्रभा के नाश्ते पानी का प्रोग्राम भी समाप्त हो गया। वह वापिस जाने के लिए बाहर आई। इसी समय पार्वती अपने को सम्भालते हुए टीले से नीचे उतरने लगी। ढलान के कारण वह बगल में दबाई अपनी पोटली को सम्भाल न पाई। पोटली लुढ़क कर खुल गई। हवा के तेज झोंके के कारण उसमें से एक लाल साड़ी उड़कर साथ वाले पेड़ में अटक गई तथा लहराने लगी।

प्रभा की नजर अचानक उस लहराती साड़ी पर जाकर टिक गई। उसके मानस पटल पर बचपन की बातें उभरने लगी। उसे याद आया कि उसकी माँ कभी कभी खास मौकों पर उसी तरह की साड़ी पहनती थी। साड़ी को लहराती तथा टीले से एक कंकाल जैसी मूर्ति को उतरते देखकर प्रभा के शरीर में एक दैव्य शक्ति का सा संचार हुआ और वह माँ कहती हुई उस दिशा की ओर दौड़ पड़ी। प्रभा के सभी साथी एवं सिक्योरीटी गार्ड सक्ते में रह गए।

प्रभा अपनी माँ से लिपट जाती है तथा माँ...माँ कहते हुए रोने लगती है।

पार्वती इतनी भाव विभोर हो जाती है कि अपनी बेटी के सिर पर केवल ममता भरा हाथ फेरती रहती है। उसकी आँखों से अश्रुधारा बहती रहती है परंतु मुख से एक शब्द भी नहीं निकल पाता।

माँ बेटी का ऐसा हृदय स्पर्शी मिलन देखकर वहाँ जमा सभी अपने को रोक न सके तथा उनकी आँखें भी इस मधुर बेला को देखकर बहने लगी।

थोडी आश्वस्त हो जाने पर प्रभा को अपने बापू की याद आई तो उसने पूछा "माँ बाबू जी कहाँ हैं?"

"क्या बताऊँ बेटी वे तो अवश्य आते परंतु......।"

प्रभा अपनी माँ के परंतु शब्द से अधीर होते हुए, "परंतु क्या? बोलो न माँ?"

पार्वती ने बड़ी मुश्किल से बताया, "उन्होंने बहुत दिनों से खटिया पकड़ रखी है।"

"क्यों क्या हुआ मेरे बापू को?"

"पता नहीं बेटी।"

प्रभा कहना ही चाहती थी कि क्या उन्होने डॉक्टर को नहीं दिखाया परंतु अपनी माँ की हालत निहार कर वह ऐसा पूछ नहीं पाई और बात बदल कर पूछा, "माँ मेरे दोनों भाई कहाँ हैं?"

पार्वती बेटी की बात सुनकर मुँह पर अपना पल्लू लगा कर रोने लगती है तथा कुछ जवाब नहीं देती।

प्रभा ने कुछ सोचकर अपनी माँ से पूछा, "क्या बाबू जी ने मुझे माफ कर दिया है माँ?"

माँ जैसे अपनी बेटी के मन की बात समझ गई थी कि वह अपने बाबू जी से मिलने को बहुत व्याकुल है एकदम बोली, "बेटी उन्होंने तो मुझे खुद कहा था कि अगर प्रभा से भेंट हो जाए तो मेरी और से माफ..........।"

प्रभा अपनी माँ का आशय समझ कर उसके के मुँह पर हाथ रख देती है जिससे उसकी माँ का वाक्य अधूरा ही रह जाता है। प्रभा ने जल्दी से अपने ड्राईवर को बुलाया। वह माँ के साथ गाड़ी में बैठी और उसका काफिला उसके पुराने गाँव की और बढ़ गया।

गाँव के अन्दर घुसते घुसते वहाँ की साफ सफाई तथा सजावट देखकर प्रभा ने अन्दाजा लगा लिया था कि गाँव वालों को उसके

आने का बेसब्री से इंतजार था। उन्होने उसे माफ कर दिया था तथा उन्हें अपनी गलती का एहसास हो गया था कि केवल लड़कों को ही नहीं अपितू लड़कियों को भी अपनी प्रतिभा दिखाने का पूरा मौका मिलना चाहिए।

प्रभा ने दूर से देखा उसका पुराना घर जर्जर हालत में हो गया था। उसके रख रखाव पर कोई ध्यान न देने से वह गिरने की हालत में था। अन्दर उसके बापू चारपाई पर बदहवास से लेटे थे। प्रभा भागकर अन्दर पहुँच गई। अपने बापू की आँखें बन्द सी देखकर वह थोड़ी ठिठकी परंतु शायद बापू भी अपनी बेटी के पदचाप की आहट अभी तक भूले नहीं थे अतः धीरे से उन्होने अपनी बाँहें फैला दी। हालाँकि प्रताप ने उठने की कोशिश की परंतु प्रभा भागकर उनकी फैलाई बाँहों में समा गई। जब प्रभा का मन शांत हो गया तो उसने काफिले के साथ आए डॉक्टर को बुलाकर कहा, "डॉक्टर साहब। जरा जाँच करके बताओ कि मेरे बाबू जी की हालत कैसी है?"

डॉक्टर ने जाँच करके बताया कि चिंता की कोई बात नहीं है। उम्र के तकाजे के साथ साथ उनके बाबू जी को केवल थोड़ा सदमा है।

इस पर प्रभा ने डॉक्टर से जानना चाहा कि क्या उसके बाबू जी उसके साथ चलने में समर्थ हैं?

डाक्टर जैसे पहले से ही भाँप चुका था कि प्रभा उससे ऐसा प्रश्न करेगी वह फट से बोला, "क्यों नहीं क्यों नहीं मैडम। आप बहुत अच्छा निर्णय ले रही हैं। आपके साथ रहकर ये फिर से अपने खोए कुछ साल वापिस पा सकेंगे।"

डॉक्टर का आशवासन पाकर प्रभा ने अपने बाबू जी को बड़ी आत्मीयता परंतु दृढ़ शब्दों में कहा कि उन्हें अब उसके साथ जाना है। प्रभा ने जब अपनी माँ से भी तैयार होने को कहा तो वह बड़े ही

दीन शब्दों में बोली, "हमें तैयार क्या होना है बेटी, हमारे पास है ही क्या जो बटोरना है?"

अचानक जैसे प्रभा को कुछ याद आया। उसने घर के हर हिस्से में अपनी नजर दौड़ाई जैसे कुछ ढूँढ रही हो। जब उसने अपने मन की चाहत को कहीं नहीं पाया तो उसे अधीर होकर अपनी माँ से पूछना पड़ा, "माँ मेरे दोनों भाई नरेंद्र और सुरेंद्र कहाँ हैं?"

अपनी बेटी प्रभा का प्रश्न सुनकर पार्वती कुछ बोल न पाई अपितु अपने मुँह को अपने आँचल के पल्लू से ढ़ककर सुबक पड़ी। प्रभा किसी अनजान आशंका से विचलित होकर एकदम उठी तथा माँ को झकझोरते हुए बोली, "क्यों क्या हुआ माँ?"

"कुछ नहीं।"

"तो फिर वे कहाँ हैं।"

"वे अब यहाँ नहीं रहते।"

"तो फिर कहाँ रहते हैं।"

"बाहर के देशों में।"

"आप से कब मिले थे?"

"नरेंद्र तो छः साल पहले तथा सुरेंद्र चार साल पहले जब हमने उन्हें विदेश जाने के लिए विदा किया था। उसके बाद.........(कहते कहते पार्वती की आवाज भर गई और वह कुछ देर के लिए आगे कुछ कह न पाई)।

अपने को सम्भालने के बाद पार्वती ने आगे कहा कि बेटी तुम तो जानती हो कि बचपन से ही तुम्हारे भाईयों को अच्छी से अच्छी शिक्षा दिलाने में तुम्हारे पिता जी ने कोई कसर नहीं छोड़ी थी। बेटी

तुम्हारे पिता जी को उनकी रिटायर्मेंट पर जो पैसा मिला था उसके सहारे तुम्हारे बड़े भाई नरेंद्र को विदेश भेज दिया था। फिर तुम्हारा छोटा भाई भी अपनी पढ़ाई पूरी करके जिद कर बैठा कि वह भी विदेश जाकर नौकरी करेगा। हम मरते क्या न करते। अपने खेतों का कुछ हिस्सा बेचकर उसका भी इंतजाम कर दिया। परंतु बाहर जाकर उन्होंने वह कहावत चरितार्थ कर दी कि ''आँखों से ओझल मन से ओझल।'' हमने उन्हें कई फोन किए, पत्र लिखे तथा सन्देंशे भिजवाए परंतु उनका कोई जवाब नहीं आया। मैनें तेरे बाबू जी को बहुत समझाने की कोशिश की कि उनकी अधिक चिंता न करें परंतु ये माने ही नहीं तथा हृदय रोग लगा बैठे। एक साल पहले इनकी बाईपास सर्जरी करानी पड़ी थी। पैसे तो पल्ले थे नहीं इसलिए जमीन का जो आधा टुकड़ा बचा था वह धन सिंह को, जो हमारी जमीन बटाई पर बोता था, बेच दिया। उसी की भलमानसता के कारण ही आज तुम्हारे बाबू जी जिन्दा हैं। क्योंकि उसी ने तुम्हारे बाबू जी का इलाज कराया तथा जी जान से उनकी सेवा की थी।

बेटी इतनी अच्छी शिक्षा देने के बावजूद न जाने हमसे क्या कमी रह गई कि उन्होने हमारे साथ ऐसा सलूक किया। शायद बचपन से ही उनके दिल में पनपती पश्चिमी देशों की संस्कृति को हमने रोका नहीं। जब वे कोई मैच देख रहे होते थे या कोई खेल खेल रहे होते थे तथा उनसे या उनकी टीम के किसी साथी से कोई गलती हो जाती थी तो उनके मुँह से निकलता था ''ओ शिट।'' पहले तो हमें समझ ही नहीं आती थी कि वह ''ओ शिट'' क्या होती है परंतु जब समझ भी आई तो भी हमने उन्हें नहीं समझाया कि उस शब्द के बजाय ओ गॉड'' या ''हे राम'' का उच्चारण करना अच्छा रहेगा। हम खुद ही अंग्रेजी धुनों पर उनके थिरकते पैरों को देखकर लुत्फ उठाया करते थे तथा हँस हँस कर उनका प्रोत्साहन बढ़ाया करते थे। फिर उनकी

शिक्षा पूरी होने के एकदम बाद हमने यहाँ के संस्कारों की शिक्षा सिखाए बिना ही उन्हें विदेश भेज दिया। शायद यहीं कारण रहा कि उन्होंने विदेश के संस्कार पाल लिए और हमें भूल गए।

अपनी माँ के वचन सुनकर प्रभा अवाक, सन्न तथा ठगी सी रह गई। माँ ने अब भी कितनी सरलता से अपने लड़कों का पक्ष लेकर उनको दोष मुक्त कर दिया था।

एक औरत (माँ) की आँखों में जब दूसरी औरत (बेटी प्रभा) ने झाँका तो उन मासूमियत भरी आँखों से उसे महसूस हुआ जैसे कह रही हों कि बेटी मैं मानती हूँ कि एक बेटे का दायित्व होता है कि वह अपने माँ-बाप की सेवा करके उनका ऋण चुकाए परंतु हर इंसान को अपने कर्मों का फल भी तो भोगना पड़ता है। इसके लिए हमें दूसरों में अवगुण निकालकर उनको कसूरवार नहीं ठहराना चाहिए। अब देखो न शायद हमारे भाग्य में यही तय था कि तुम्हारे माध्यम से ही हमारी मुक्ति होगी। प्रभा ने महसूस किया कि उसकी माँ की आँखों में उसके भाईयों के प्रति कोई मलाल नहीं था।

फिर भी अपनी माँ के दिल की दर्द भरी आवाज को पहचान कर तथा उसके खोए सम्मान को प्रतिष्ठित करने के लिए प्रभा ने एकदम उठकर अपनी माँ के कंधें को पकड़ कर कहा, ''माँ अभी भी तुम्हारे पास बहुत कुछ है। बाहर चलो मैं दिखाती हूँ।''

अन्दर से सभी लोग प्रभा तथा उसकी माँ के साथ बाहर आ जाते हैं। बाहर पहले से ही गाँव के बच्चे, औरते, जवान तथा बुजूर्ग लोग भारी मात्रा में एकत्रित हो चुके थे। प्रभा ने भीड़ में से, हाथ जोड़कर विनती करते हुए, एक बुर्जुग को अपने पास आने का इशारा करते हुए कहा, ''बाबा जी इधर तो आना।''

बाबा आगे बढ़कर, ''कहो बेटी।''

प्रभा ने बैंक का एक चैक और कुछ कागजात बूढ़े की तरफ बढ़ा दिए।

बूढ़े ने उनको थामते हुए बड़े विस्मय से पूछा, "बेटी यह क्या है?"

प्रभा ने उपस्थित लोगों को सम्बोधित करते हुए कहना शुरू किया कि मेरे बाबू जी अपना घर सभी गाँव वालों के इस्तेमाल के लिए दान में देते हैं और मेरी माँ इसके साथ एक लाख का चैक दे रही हैं जिससे इस जमीन पर एक धर्मशाला जिसका नाम 'प्रताप घर' रखा जाएगा, बनवाई जाएगी। इस धर्मशाला के नाम पर मैं एक लाख रुपया बैंक में और जमा करा रही हूँ जिसके ब्याज से धर्मशाला के रख रखाव का काम हमेशा सुचारू रूप से चलता रहे।

सभी जमा व्यक्तियों ने प्रताप की जय, पार्वती की जय के नारों से आसमान गुंजा दिया। इसके बाद प्रभा ने अपने बाबू जी और अपनी माँ को साथ लिया तथा उनका विमान चन्द मिनटों में ही आसमान की ऊँचाईयों में विलीन हो गया।

लोग कहते हैं कि पृथ्वी सहनशीला है, सागर अथाह है, आकाश अनंत है परंतु शायद ये कहावते वही कहते हैं जो माँ की ममता से वंचित रहे होंगे। क्योंकि जैसे ब्रह्माण्ड में आसमा का कोई अंत नहीं उसी प्रकार संसार में माँ की ममता का समापन नहीं।

टूटी चप्पल

जून का महीना था। लगभग बारह बजे का समय था जब सूरज सिर पर होता है। चिलचिलाती धूप पड़ रही थी। लू का प्रकोप था। ऐसा प्रतीत हो रहा था मानो सारा वातावरण आग से घिरा हो। सड़कों पर मृग तृष्णा की लहरें सी बन रही थी। ठेली वाले, रिक्शा वाले, पानी बेचने वाले, तथा सड़कों के किनारे बैठकर सामान बेचने वाले जहाँ तहाँ पेड़ों की छाया को ढूँढ़कर उनके नीचे जमघट लगाने पर मजबूर थे।

श्याम अपनी पानी की रेहड़ी कॉलेज के गेट के पास लगाता था। वैसे तो दोपहर के वक्त उसके ऊपर पेड़ की छाँव रहती थी परंतु उगते सूरज तथा डूबते सूरज के समय उसकी रेहड़ी धूप से नहा जाया करती थी। उससे बचने के लिए श्याम ने अपने पास एक छतरी भी रखी हुई थी।

लम्बी छुट्टियों के बाद आज कॉलेज खुले हुए तीन दिन ही बीते थे। नव जवान लड़के लड़कियाँ नए नए रंग बिरंगे परिधानों में कॉलेज की रौनक बढ़ा रहे थे। अधिकतर विद्यार्थी चार पाँच के गुटों में बंटे नजर आ रहे थे। कुछ के चेहरों पर कॉलेज में पहली बार आने की खुशी झलकती थी तो कुछ अपने नए साथियों का साथ पाने की लालसा लिए चक्कर काट रहे थे। ऐसा लगता था जैसे नव जवानों के जोश के सामने चिलचिलाती गर्मी की लू तथा इतनी भयंकर ऊष्णता भी अपने को शर्मिन्दा महसूस कर रही थी। सभी ऐसे घूम रहे

थे जैसे हताश करने वाली गर्मी न होकर वह बसंत ऋतु हो। हाँ, नवयुवतियों पर गर्मी के प्रकोप की झलक देखने को मिल जाती थी।

श्वेता ने इस कॉलेज में पाँच वर्ष बिताए थे। आज वह अपनी स्नातकोत्तर की डिग्री लेने कॉलेज आई थी। श्वेता जब तक कॉलेज में पढ़ी उसने अपने नाम के स्वरूप सफेद कपड़े पहनना ही पसन्द किया। उसके दूसरे साथी रंग बिरंगे, चमकीले तथा भड़कीले परिधान पहन कर आते थे परंतु श्वेता हमेशा श्वेता ही बनी रही। वैसे श्वेता के ऊपर सफेद रंग का पहनावा फबता भी खूब था। आज भी वह सफेद कुर्ता, सफेद चुड़ीदार सलवार, सफेद चुनरी तथा सफेद चप्पल पहनकर आई थी।

हालाँकि श्वेता ने स्नातकोत्तर की डिग्री हासिल कर ली थी परंतु कद काठी से वह ऐसी लगती थी जैसे कोई नई लड़की कॉलेज में दाखिला लेने आई हो। डिग्री लेकर वह वापिस अपने घर जाना चाहती थी। कॉलेज के गेट तथा कॉलेज की मुख्य इमारत के बीच लगभग आधा किलोमीटर का फासला था। श्वेता ने गर्मी की तपन से बचने के लिए चुनरी से अपना सिर तथा मुँह ढक लिया। आँखों पर धूप का चश्मा चढ़ाया तथा हिम्मत करके कॉलेज के गेट की तरफ अपने कदम बढ़ा दिए। अभी उसने आधा रास्ता ही पार किया होगा कि उसकी एक चप्पल की तनी टूट गई।

तपती दुपहरी, लू का प्रकोप, जमीन भी खुद सूरज की तरह आग का गोला बनी हुई थी। श्वेता ने बेबस नजरों से चारों ओर देखा परंतु ऐसा कोई दिखाई नहीं दिया जो उसकी सहायता कर सकता हो। मरती क्या न करती साहस करके श्वेता ने उन टूटी चप्पलों के सहारे ही उस आधा किलोमीटर के जलते रेगिस्तान को पार करने की ठान ली। वह मुश्किल से दस कदम ही आगे बढ़ी होगी कि उसकी लचक लचक कर चलने वाली चाल देखकर मनचले युवकों का एक झुंड

आया और फबती 'जरा धीरे रे चलो मेरी बाँकी हिरनियाँ' कसता तथा हँसता हुआ आगे निकल गया।

अगर किसी को पहले से ही यह ज्ञान हो कि अगले पल उसके साथ क्या व्यवहार होने वाला है और अगर उसके साथ वास्तव में ही वह घटना हो जाती है तो उस व्यक्ति विशेष को इतना दुख महसूस नहीं होता क्योंकि वह तो उसे झेलने के लिए तैयार ही रहता है। श्वेता को भी उन नौजवानों के व्यवहार से अधिक दुख नहीं हुआ क्योंकि वह जानती थी कि कॉलेज में पढ़ने वाले अधिकतर नौजवानों का एक जवान लड़की के प्रति कैसा रवैया रहता है।

अचानक श्वेता की नजर अपनी सलवार, जम्फर तथा कंधे पर लटकती हुई चुनरी के पल्लू पर पडी। शायद उसकी टूटी चप्पल के कारण उसके चलने से जमीन की मिट्टी ने उछल उछल कर उसके सफेद कपड़ों पर दाग बना दिए थे। वह झुककर अपने सफेद कपड़ों पर लगे इन मिट्टी के दागों को झाड़कर साफ करने का प्रयास कर रही थी कि पास से गुजरते लड़कों ने एक और फबती 'हाय लागा चुनरी में दाग मिटाऊँ कैसे' यही नहीं एक तो उसकी टूटी चप्पल देखकर उसकी सहायता करने के बजाय हँसता हुआ और कहता हुआ कि 'अब घर जाऊँ कैसे' आगे निकल गया। इसी तरह की न जाने कितनी हृदय बेधक फबतियाँ श्वेता को सुननी पड़ रही थी।

श्याम ने दूर से श्वेता की बेबसी को भाँप लिया। वह विद्युत वेग से अपनी सीट से उठा और अपना छाता लेकर श्वेता की ओर दौड़ पड़ा। पलक झपकते ही वह श्वेता के सामने जाकर खड़ा हो गया। श्याम ने अपनी पहनी हुई चप्पलों को उतार कर श्वेता के आगे रखा तथा छाता खोलकर उसके ऊपर फैलाते हुए बड़े ही मार्मिक शब्दों में, जैसे उसका दिल श्वेता की व्यथा को देखकर बहुत दुखी था, अपनी चप्पलों की तरफ देखकर बोला, "दीदी आप इन्हें पहन लो।"

श्वेता ने पहले अपने सामने रखी श्याम की चप्पलों की तरफ देखा और फिर उसके नगें पैरों को निहारा। तपती जमीन के कारण श्याम कभी अपने पंजों पर खड़ा हो रहा था तो कभी अपनी एड़ियों पर खड़ा हो रहा था। उसकी हालत देखकर श्वेता बोली, "आप कैसे जाओगे?"

"आप मेरी चिंता न करें।"

"अरे जो मेरी इतनी चिंता कर रहा है भला मैं उसकी चिंता क्यों न करूँ?"

"दीदी, गरीब के शरीर को हर प्रकार के अंगारे सहन करने की आदत हो जाती है।"

" फिर भी.....।"

"दीदी जल्दी करो, यह छाता पकड़ो, मेरी चप्पल पहनो और अपनी चप्पलें मुझे दो।"

श्वेता को न जाने क्या हुआ कि वह श्याम की हर बात मानती रही और फिर पलक झपकते ही श्याम श्वेता की टूटी चप्पलें हाथ में लिए नंगे पैरों से अपनी पानी की रेहड़ी की तरफ दौड़ पड़ा।

श्वेता चलते चलते सोचने लगी कि आजकल के पढ़े लिखे नौजवानों तथा इस अनपढ़ लड़के के व्यवहार, सोच एवं जज्बातों के बीच कितना बड़ा अंतर है।

श्वेता ने मनोविज्ञान की डिग्री में स्वर्ण पदक हासिल किया था। वैसे भी वह इतनी गुणी थी कि अब उसने आई. ए. एस. की परीक्षा भी पास कर ली थी तथा इसी महीने श्वेता को अरूणाचल में जाकर डिप्टी कलेक्टर का पद भार सम्भालना था। श्वेता आज इसी वजह से कॉलेज से अपनी स्नातकोत्तर की डिग्री लेने आई थी। क्योंकि

उसकी डिग्री देखकर ही उसे उसकी नौकरी का पदभार सम्भालने का फरमान दिया जा सकता था। कॉलेज के गेट पर पहुँचते पहुँचते श्वेता ने अपने मन में एक दृढ़ निश्चय कर लिया था।

श्वेता को देखकर श्याम बोला, ''दीदी मैं आपकी टूटी चप्पल अभी सिलवा कर ला देता हूँ। आप थोड़ी देर यहीं छांव में रुको।''

''नहीं, श्याम इसकी जरूरत नहीं है। ये पुरानी हो चुकी हैं। वैसे मैं नई चप्पलें खरीदने की सोच ही रही थी।''

''दीदी, अभी तो ये भी नई......।''

श्वेता ने श्याम को बीच में ही टोककर पूछा, ''तुम कितने पढ़े लिखे हो?''

''दीदी, इस वर्ष दसवीं की परीक्षा दी है। परिणाम घोषित होने ही वाले हैं।''

''कैसे पढ़ते हो?''

''जब कॉलेज बन्द हो जाता है तो उसके बाद ही समय मिल पाता है।''

''कहाँ बैठकर पढ़ते हो?''

''यहीं बैठकर और रात हो जाने पर इसी बिजली के खम्भे के नीचे बैठकर।''

''क्यों यहीं क्यों? घर में पढ़ने की सहूलियत नहीं है क्या?''

''घर में बिजली का कनेक्शन नहीं है।''

''कहाँ तक पढ़ने की आशा रखते हो?''

''जहाँ तक मेरी कमाई मेरा साथ देगी।''

''कमाई के पीछे अपनी तमन्नाओं का गला घोट दोगे क्या?''

''दीदी, मजबूरी सब कुछ करा देती है।''

''अगर तुम्हें कोई मजबूर न होने दे तब?''

आज तक न जाने कितने ही लोग श्याम को ऐसा आश्वासन दे चुके थे परन्तु किसी ने भी उसे पूरा नहीं किया था इसलिए अपने मन के संशय को उजागर करते हुए श्याम ने कहा ''दीदी मैं आपकी बातों का आशय बखूबी समझ सकता हूँ परंतु माफ करना ऐसा आश्वासन मुझे बहुत बार मिल चुका है। अंजाम वही निकला है 'ढाक के तीन पात।' अपनी आँखों से औझल होते ही मैं उनके मन से भी औझल होकर रह जाता हूँ।''

श्वेता ने बड़ी दृढ़ता से जवाब दिया ''परन्तु मेरा दिया हुआ आश्वासन मिथ्या नहीं होगा।''

जैसे दूध का जला छाछ को भी फूंक फूंक कर पीता है श्याम भी इतनी जल्दी श्वेता की बातों पर विश्वास करने को राजी नहीं था अंतः पूछा ''वैसे दीदी मेरे किस व्यवहार ने आपको इतना प्रभावित कर दिया है कि आप इतनी बड़ी जिम्मेवारी का बोझ उठाने को उतारू हो गयी हैं।''

श्वेता ने बड़ी शालीनता से धीरे धीरे कहा ''श्याम इसके बहुत से कारण हैं परन्तु इनमें सबसे अहम मेरा अपना स्वार्थ है।''

श्याम आश्चर्य से श्वेता की ओर देखकर, ''आपका अपना स्वार्थ!''

'' हाँ मेरा अपना स्वार्थ।''

''क्या मैं जान सकता हूँ कि वह क्या है दीदी''

श्वेता ने बड़े ही मार्मिक होते हुए बताया, ''मुझसे राखी बंधवाने वाला कोई नहीं है।'' और कहते कहते उसका गला भर आया।

श्याम को अभी भी जैसे श्वेता के कहने पर विश्वास नहीं हो रहा हो उसने जानना चाहा, "परन्तु मुझ जैसे गरीब काले कलूटे तथा एक अनजान बच्चे के बारे में आपने इतना बड़ा निर्णय लेने का कैसे सोच लिया।"

श्वेता ने श्याम को समझाते हुए कहना शुरू किया। देखो श्याम तुम मेरे लिए अनजान नहीं हो। मैंने इस कॉलेज में पाँच वर्ष गुजारे हैं। हालांकि मैं तुम्हारी इस पानी की रेहड़ी पर मुश्किल से ही कभी आई हूँगी परन्तु आते जाते तो तुम पर निगाह पड़ ही जाती थी। मैनें कभी भी तुम्हें समय को बेकार गंवाते नहीं पाया था। तुम किसी न किसी काम में तल्लीनता से उलझे हुए ही दिखाई देते थे। इसमें तुम्हारा पढ़ना भी दिखाई देता था। काम के प्रति तुम्हारी लग्न को भांप कर मेरे मन में तुम्हारे प्रति अनजानी हमदर्दी बढ़ती गयी। और आज तो तुम्हारी हमदर्दी, इंसानियत तथा सेवा भाव देखकर मैनें प्रत्यक्ष ही महसूस कर लिया है।

अब बात आती है काले कलूटे की। तो मनुष्य की चमड़ी का रंग उसके गुणों को नहीं ढांप सकता। भगवान राम कृष्ण तथा शिव शंकर भी तो काले थे। हम तुम तो उनकी तुलना में कहीं नहीं आते। इसको समझाने के लिए मैं तुम्हें एक गुब्बारे बेचने वाले का किस्सा सुनाती हूँ।

एक गुब्बारे बेचने वाला रंग बिरंगे गुब्बारे बेच रहा था। उसके पास हरा, लाल, नीला, सफेद, बैंगनी इत्यादि रंगों के गुब्बारे थे परन्तु उनमें काले रंग का कोई गुब्बारा नहीं था। उसके अधिकतर गुब्बारे आकाश की और उड़ने की कोशिश कर रहे थे परन्तु उनमें से कुछ ऐसे भी थे जो ऊपर उड़ने की बजाय नीचे की तरफ लटके हुए थे। उनमें कोई भी काले रंग का गुब्बारा न देख एक बच्चे ने गुब्बारे वाले से जिज्ञासावश पूछा, "क्या आपके पास काले रंग का गुबारा नहीं है?"

"है बेटा काले रंग का गुब्बारा भी है।"

"तो आपने उसको यहाँ क्यों नहीं लटकाया। क्या वह इन रंग बिरंगे गुब्बारों की तरह ऊपर उड़ेगा नहीं?"

गुब्बारे वाले ने बच्चे को समझाते हुए कहा, "बेटा, गुब्बारे को ऊपर उड़ाने में उसके रंग का कोई महत्त्व नहीं होता। महत्त्व तो उस वस्तु का है जो गुब्बारे के अन्दर विद्यमान है। गुब्बारे के अन्दर भरी वस्तु ही उस गुब्बारे को आसमान की ऊँचाईयां छूने में सहायता करती है।"

श्वेता ने आगे कहा, मैंने मनोविज्ञान पढ़ा है। इसलिए मैनें तुम्हारे अन्दर के उन गुणों को परख लिया है जो एक मनुष्य को गुब्बारे की तरह शिखर तक पहुँचाने में सहायता करते हैं।

शायद तुम नहीं जानते कि एक व्यक्ति के आचरण को तीन चीजें प्रभावित करती हैं।

1. व्यक्ति के आस पास का माहौल जहाँ वह अपने जीवन का अधिक समय व्यतीत करता है।
2. उसकी संगत कि वह कैसे लोगों के साथ रहता है।
3. उसकी शिक्षा प्राप्त करने की लगन।

मैनें महसूस किया है कि ये तीनों स्थिति तुम्हारे पास हैं जिनके कारण तुम उन्नति के पथ पर अग्रसर होने में सक्षम हो सकते हो। अगर थोड़ी सी आर्थिक सहायता के साथ साथ तुम्हें मार्ग प्रशस्त कराने वाला कोई मिल जाए।

तुम तो किसी के आश्रित नहीं हो परन्तु मैं तो अभी तक अपनी मम्मी जी पर आश्रित थी। अतः चाहकर भी मैं किसी की आर्थिक सहायता नहीं कर सकती थी। परन्तु अब मुझे एक अच्छी नौकरी

मिल रही है। अब मैं किसी की आर्थिक सहायता करने में समर्थ हो जाऊँगी।

तुमने अपनी नेक नियति, मृदुल भाषा, निस्वार्थ भाव, एवं सज्जनता के व्यवहार से मेरा मन जीत लिया है। मैनें यह भी जान लिया है कि तुम एक सर्वगुण संपन्न व्यक्ति हो। तुमने मुझे दीदी कहा है और एक आर्थिक स्थिति से मजबूत होने जा रही बहन का भाई गरीब नहीं हो सकता।

श्याम जो मूक दृष्टि से अभी तक सुनता रहा था श्वेता द्वारा अपने लिए भाई का शब्द सुनकर भाव विभोर हो गया। उसकी आँखों से खुशी की अश्रुधारा बह निकली और आगे बढ़कर श्याम ने अपनी बहन के चरण छू लिए। श्वेता ने श्याम को कंधे से पकड़कर ऊपर उठाया और गले लगाकर उसके सिर पर ममतामयी हाथ फेरने लगी।

कॉलेज के गेट के बाहर पेड़ों की छांव में आराम कर रहे ठेले वाले रिक्शा वाले इत्यादि तथा कॉलेज के सभी विद्यार्थी जो वहाँ खड़े थे उनका मिलन देखकर आश्चर्य चकित थे। वे लड़के जिन्होंने श्वेता पर फब्तियाँ कसी थी अपने ऊपर जिल्लत महसूस करने लगे थे। जब श्वेता ने जमा भीड़ को देखकर अपनी नजरें चारों और घुमाई तो उन लड़कों ने अपनी नजरें झुका ली। उनकी जबान पर ताला पड़ गया था तथा सिर पर घड़ों पानी। अब वे अपनी हरकत से जो उन्होंने श्वेता के साथ की थी बहुत शर्मिन्दा जान पड़ते थे।

इसके बाद श्वेता ने श्याम को कुछ हिदायतें दी। उसका पता लिया और सामने की दुकान से नई चप्पलें पहन कर अपने घर की और चल दी। श्वेता ने अपनी टूटी चप्पलों के बारे में कुछ नहीं पूछा तथा न ही श्याम ने इस बारे में उसे याद दिलाना उचित समझा।

जैसे श्याम के व्यवहार ने श्वेता के दिल में जगह बना ली थी उसी प्रकार श्वेता के वचनों ने श्याम को बहुत उत्साहित कर दिया था। श्याम ने श्वेता को अपने लिए एक देवी का प्रतिरूप समझते हुए, जैसे भरत ने अपने बड़े भाई श्री राम चन्द्र जी को अपना ईष्ट देवता समझते हुए उनकी खड़ाऊँ को अपने सिर पर धारण कर लिया था उसी प्रकार, श्याम ने श्वेता की टूटी चप्पलों को अपने सिर पर धारण कर लिया।

यही नहीं जिस प्रकार से भरत ने अयोध्या जाकर श्री राम चन्द्र जी की खड़ाऊओं को सिंहासन पर विराजमान करके उनकी पूजा की थी उसी प्रकार श्याम ने भी श्वेता की टूटी चप्पलों को अपने घर के एक आले में रखकर उनके सामने नित नेम अपना शीश झुकाने लगा तथा अपनी उन्नति की दुआ माँगने लगा।

साथ साथ जैसे अरूणाचल में रहते हुए श्याम की बहन अपने वचन को नहीं भूली तथा श्याम को उसकी जरूरतों के अनुसार आर्थिक सहायता भेजती रही। वैसे ही श्याम भी श्वेता की आर्थिक सहायता के प्रति वफादार रहा और अपना फर्ज पूरा करते हुए देखते ही देखते मनोविज्ञान में स्नातकोत्तर की डिग्री हासिल करने में सफल हो गया।

इन सात साल के लम्बे अर्से के दौरान वैसे तो श्वेता एवं श्याम के बीच पत्र व्यवहार होते रहे थे परन्तु आपस में मिलना न हो सका था। श्याम के कॉलेज में दीक्षांत समारोह होने जा रहा था। इस वर्ष पास हुए विद्यार्थियों को डिग्रियाँ प्रदान की जानी थी। कॉलेज के उन सभी पुराने विद्यार्थियों को, जिन्होंने पिछले दस सालों के दौरान इस कॉलेज से डिग्री हासिल की थी, निमंत्रण पत्र भेजे गए थे। हालांकि श्वेता भी कॉलेज की तरफ से निमंत्रित थी परन्तु श्याम ने भी अपनी तरफ से श्वेता को एक मार्मिक पत्र लिखकर उसे दीक्षांत समारोह में

उपस्थित होने का आग्रह किया था। निश्चित समय पर दीक्षांत समारोह का शुभारम्भ हो गया था। एक एक करके विद्यार्थियों के नाम पुकारे जा रहे थे। उन्हें डिग्रियाँ प्रदान की जा रही थी। श्याम बार बार मुड़ मुड़कर हाल के दरवाजे की और देख रहा था। वह अपनी दीदी श्वेता का बेसब्री से इंतजार कर रहा था। डिग्री हासिल करने के लिए उसका नाम कभी भी पुकारा जा सकता था। परन्तु उसकी देवी ने अभी तक दर्शन नहीं दिए थे। उसका दिल रोने को कर रहा था। अचानक उद्घोषणा हुई, "श्याम सुन्दर गुप्ता, स्वर्ण पदक विजेता।" पूरा हॉल तालियों की गड़गड़ाहट से गूँज उठा परन्तु स्वर्ण विजेता होने के बावजूद श्याम अपना नाम सुनकर अपने स्थान से ऐसे उठा जैसे उसे अतिरिक्त नंबर देकर डिग्री लेने योग्य बनाया गया हो। डिग्री प्राप्त करने का हर्षोल्लास उसके चेहरे तथा शरीर से नदारद था। उसकी गर्दन झुकी हुई थी। कदम ऐसे पड़ रहे थे जैसे उसके शरीर में जान ही न थी। ऐसा जान पड़ता था जैसे वह बहुत दिनों से बीमार चल रहा था तथा शरीर में शक्ति न के बराबर होने के कारण अब गिरा की तब गिरा।

अचानक श्याम के पीछे एक शोर उठा तथा घोषणा हुई की हमारे बीच अरूणाचल की कलेक्टर कुमारी श्वेता गुप्ता, जो हमारे ही कॉलेज की भूतपूर्व विद्यार्थी रही हैं, हमारे दीक्षांत समारोह की शोभा बढ़ाने के लिए अभी अभी उपस्थित हुई हैं। कॉलेज की तरफ से उनका हार्दिक अभिनन्दन है। पूरा हॉल तालियों की गड़गड़ाहट से गुंजायमान हो उठा। जैसे वर्षा के आने से सूखे पेड़ पौधों यहाँ तक की हर प्राणी में निखार आ जाता है और प्राणी का मन हर्षोल्लास से भरकर पुलकित हो उठता है उसी प्रकार श्वेता के आ जाने से श्याम जो अभी तक निर्जीव सा जान पड़ रहा था अचानक उसमें चेतना जागृत हो गई। वह पलक झपकते ही मंच पर जा पहुँचा। कॉलेज के

गेट पर पानी लगाने वाले श्याम को मंच पर देखकर सभी लड़के हैरत में आ गए। किसी को भी अपनी आँखों पर विश्वास नहीं हो रहा था। बहुत से लड़कों ने तो अपने को चुटी काटकर विश्वास करना पड़ा की वे कोई सपना तो नहीं देख रहे हैं बल्कि उनके सामने एक हकीकत थी। उनकी समझ से बाहर की बात थी की कैसे एक रेहड़ी पर पानी बेचने वाला गरीब लड़का स्नातकोत्तर की डिग्री वह भी स्वर्ण पदक लेकर हासिल कर सकता है। सभी इस गुत्थी को सुलझाने की कोशिश कर रहे थे कि कॉलेज के उपकुलपति ने अपना हाथ श्याम से मिलाने के लिए आगे बढ़ा दिया। तत्पश्चात उपकुलपति ने श्याम की भूरी भूरी प्रशंसा करते हुए उसका स्वर्ण पदक तथा स्नातकोत्तर की डिग्री उसकी तरफ बढ़ाई। जब श्याम ने उनको ग्रहण करने के लिए कोई प्रतिक्रिया नहीं दिखाई तो हॉल में उपस्थित सभी व्यक्तियों के अचरज का पारावार न रहा। इससे भी ज्यादा आश्चर्य तो उन्हें तब हुआ जब श्याम ने आगे बढ़कर यह घोषणा की कि 'मैं समझता हूँ कि इस स्वर्ण पदक एवं डिग्री को प्राप्त करने का असली हकदार मैं नहीं बल्कि मेरे लिए देवी शरीक मेरी दीदी श्वेता गुप्ता हैं।'

श्याम के श्वेता गुप्ता के नाम लेने से सारे हॉल में फुसफुसाहट फैल गयी तथा उनकी निगाहें श्वेता के लिए पूरे हॉल के चप्पे चप्पे को खोजती हुई सी नजर आने लगी। किसी को यह रत्ती भर भी गुमान न था कि जिस श्वेता गुप्ता के आने का ऐलान अभी कुछ देर पहले हुआ था श्याम ने उसी का सम्बोधन किया था। और लोगों के आश्चर्य का ठिकाना न रहा जब वास्तव में ही यह घोषणा हुई कि श्वेता गुप्ता, कलेक्टर अरूणाचल प्रदेश, कृपया मंच पर आ जाएँ। श्वेता के अपनी सीट से उठते ही हॉल में उपस्थित सभी व्यक्तियों की निगाहें श्वेता का पीछा करने लगी तथा पूरा हॉल एक बार फिर तालियों की गड़गड़ाहट से गुंजायमान हो गया।

कॉलेज के उपकुलपति ने जैसे ही श्याम द्वारा अर्जित स्वर्ण पदक तथा स्नातकोत्तर की डिग्री श्वेता के हाथों में थमाई वैसे ही श्याम ने श्वेता की पुरानी चप्पलों को अपने सिर पर धारण करते हुए कहा, ''मेरा असली स्थान यहीं है।''

फिर श्याम ने अपनी पूरी कहानी सुनाई कि कैसे श्वेता के कारण वह आज इस मुकाम पर पहुँचने में सफल हुआ है। श्याम के पूरी दास्तान बयान करने के बाद पूरा हॉल श्वेता की जय जयकार से भर गया।

श्वेता ने अपनी टूटी चप्पलों को, जिनको श्याम ने अपने सिर पर धारण कर लिया था, झपट कर नीचे फेंक दिया तथा श्याम को अपने गले से लगाते हुए भाव विभोर हो उठी। ऐसा प्रतीत हो रहा था जैसे श्री राम चन्द्र जी के अयोध्या लौटने पर ही सिंहासन से उनकी खड़ाऊँ हटाई गयी थी उसी प्रकार आज श्याम की देवी स्वरूप श्वेता के आने पर श्याम को श्वेता की टूटी चप्पलों को तिलांजलि देनी पड़ी। जब श्याम ने झुककर श्वेता के चरण छूने चाहे तो श्वेता ने एक झटके से उसकी कलाई पकड़ी और राखी बाँध दी।

इसके बाद श्वेता श्याम के हाथ को पकड़ कर उसे अपने साथ ले चली। श्याम भी गाय के साथ एक अबोध बछड़े की तरह, बिना किसी हुज्जत के, श्वेता के साथ खिंचा चला गया। श्वेता एवं श्याम को अपने पीछे हॉल में तालियों की गड़गड़ाहट तथा उनकी गूँज दूर तक सुनाई देती रही।

जब ठग ठगा गया

विनोद एयरफोर्स में कार्यरत था। उसकी ट्रेड भी ऐसी थी कि अधिकतर उसे टैम्परेरी ड्यूटी जाना पड़ता रहता था। अतः ऐसा कोई महीना नहीं जाता था जबकि वह रेलगाड़ी में सफर न करता हो। हालाँकि वह अधिकतर मिलिट्री वाले डब्बे में ही यात्रा करता था परंतु कभी कभी मिलिट्री डब्बे में बहुत भीड़ होने के कारण वह द्वितीय श्रेणी के आरक्षित डब्बे में भी सफर कर लेता था। आज भी उसके साथ ऐसा ही हुआ। मिलिट्री के डब्बे में भारी भीड़ देखकर वह आरक्षित डब्बे की और बढ़ गया।

यह डब्बा 3-टियर का था। अतः इसमें एक ओर की सीटें केवल बैठने की आरक्षित होती थी। हालाँकि डब्बे के बाहर काफी भीड़ थी तथा ऐसा प्रतीत होता था कि उस में भी विनोद को कोई सीट नहीं मिल पाएगी। परंतु उसका भाग्य अच्छा था क्योकि डब्बे के कंडक्टर ने उसे एक सीट आरक्षित कर दी थी।

यह गाड़ी बम्बई जा रही थी। डब्बा आरक्षित था अतः इतना जरूर था कि सवारियाँ लम्बे सफर की होंगी। विनोद ने एक नजर अपने आसपास बैठने वाले यात्रियों पर डाली। उसने अन्दाजा लगाया कि उसकी साथ वाले केबिन में बैठे हुए यात्री देहली से किसी इंटरव्यूह के लिये आए थे तथा अब वे वपिस अपने-2 घर लौट रहे थे। वह खुद भी मुम्बई जा रहा था। विनोद ने अपना सामान जमाया तथा आराम से बैठ गया। कुछ देरी बाद गाड़ी चल दी तथा डब्बे में

जो चहल पहल थी वह थम गई। अब लोगों ने एक दूसरे का परिचय जानना शुरू कर दिया था।

एक यात्री दूसरे से, ''आप कहाँ जा रहे हैं?''

''मैं नासिक जा रहा हूँ।''

''आप वहीं के वासी तो नहीं लगते।''

''आपने दुरूस्त फर्माया।''

''तो फिर?''

''पंचवटी देखने जा रहा हूँ।''

तीसरा जिसने शायद पंचवटी का भ्रमण किया हुआ था, मैने पंचवटी पिछले वर्ष देखी थी। हमारी रामायण में उस स्थान का जितना रमणीक वर्णन दिया गया है वह स्थान देखने में उसके बिल्कुल विपरीत है।''

''कैसे?''

''पंचवटी के द्वार में अन्दर कदम रखते ही मजबूर होकर आपको अपनी नाक पर रूमाल रखना पड़ेगा तथा हर कदम देखभाल कर जमीन पर रखना होगा।''

''ऐसा क्यों?''

क्योंकि वहाँ इतनी गन्दगी चारों ओर बिखरी पड़ी है कि बदबू और गन्दगी से बचने के लिये इसके अलावा कोई चारा ही नहीं।''

चौथाः-इसका मतलब नाम बड़े और दर्शन छोटे।

तीसराः-आपने वजा फरमाया।

चौथाः-तीसरे से, ''वैसे क्या मैं पूछ सकता हूँ कि आप कहाँ तक जाएँगे?''

"लक्ष्य मुम्बई है।"

"क्या आप वहाँ के वाशिन्दे हैं?"

"कुछ ऐसा ही समझ लो।"

"क्या मतलब?"

"मतलब यह कि महीने के लगभग 10 दिन तो मुझे मुम्बई में गुजारने पड़ने ही हैं क्योंकि मैं देहली में एक सेल्समैन हूँ तथा मुम्बई मेरा इलाका है।"

चौथा:-अच्छा-2!

इसी प्रकार के न जाने और कितने वार्तालाप सुनने को मिले। पता ही न चला कि दो घंटे कैसे व्यतीत हो गये। रेलगाड़ी धीमी हुई तथा मथुरा जंक्शन पर आकर रूक गई। बाहर कई प्रकार के शोर उठे। चाय गरम, पकौड़े गर्म, इलाहाबादी अमरूद, मथुरा के पेड़े इत्यादि।

चौथा यात्री जो खिड़की के साथ वाली सिंगल सीट पर बैठा था, "ऐ पेढ़े वाले जरा इधर आना।"

पेढ़े वाला खिड़की के पास आकर, "कितना दूँ साहब?"

"एक किलो दे दे।"

पेढ़े वाला एक बन्द डब्बा पकड़ाता हुआ, "लो साहब, 80 रूपया देना।"

चौथा यात्री जो खिड़की के साथ वाली सिंगल सीट पर बैठा था आगे की जेब टटोलता है। जेब में कुछ न पाकर पैंट की पिछली जेब से अपना बटुआ निकालकर उसमें से 500 रूपये का नोट पेढ़े वाले को दिखाकर, "छुट्टे हैं?"

"नहीं साहब बोहनी का समय है अभी से इतने कहाँ से लाऊँगा।"

खिड़की वाला तीसरे वाले से, "क्या आपके पास छुट्टे है?"

"जी नहीं।"

खिड़की वाला कुछ सोचकर, "तो फिर ऐसा करें कि आप इसे 80 रूपये दे दें मै अगले स्टेशन पर छुट्टा कराकर आपको दे दूँगा।"

क्यों नहीं, क्यों नहीं, "कहता हुआ जेब से 80 रुपये निकालकर दे देता है।

थोड़े विश्राम के बाद गाड़ी आगरा की तरफ बढ़ जाती है। गाड़ी में फिर एक बार शांति छा जाती है। सभी चुप थे कि खिड़की के पास वाला व्यक्ति शांति को भंग करता है।

"क्यों भाईयों समय बिताने के लिये कुछ किया जाए तो कैसा रहेगा?"

पहला:-आप क्या करना चाहेंगे?

दूसरा:-अंताक्षरी करना कैसा रहेगा?

तीसरा दूसरे से, "लगता है स्कूल में मास्टर हो?"

(सभी ठहाका लगाते हैं)

पहला:-मेरे विचार से टाईम पास का सबसे अच्छा साधन चना या मूँगफली चबाना है।

दूसरा जैसे अपनी झेंप का बदला लेना चाहता हो झट से, "अरे घर से क्या भूखा चला था जो बैठते ही भूख लग आई।"

(एक बार फिर डब्बे में जोर का ठहाका गूँज उठा)

खिड़की वाला सभी पास बैठे यात्रियों को सम्बोधित करते हुए, "देखो भाई मेरे पास ताश हैं जो जो खेलना चाहता है इस तरफ आ जाओ।"

चार आदमी ताश खेलने बैठ जाते हैं। थोड़ी देर बाद गाड़ी आगरा स्टेशन पर आकर रूक जाती है। एक बार फिर प्लेटफार्म पर सामान बेचने वालों की तरह तरह की आवाजें गूंजने लगती हैं।

खिड़की वाला अरे ओ नमकीन वाले जरा देना एक किलो।

नमकीन वाला खिड़की के पास आकर, "लो बाबू जी। 40 रुपये देना।"

खिड़की वाला:-बड़ी महंगी है?

नमकीन वाला:-बाबू जी असली घी की बनी पंछी पेठे वाली की है।

खिड़की वाला पहले की तरह अच्छा-अच्छा ठीक है। 500 रुपये का नोट दिखाते हुए ला पहले बाकी वापिस कर।"

नमकीन वाला हंसते हुए, "बाबू जी इतने नोट होते तो यही गला फाड़कर क्यों चिल्लाता। खुले दे दो।"

खिड़की वाला अपने एक खिलाड़ी साथी की ओर देखकर, "क्या आप खुले दे देंगे?"

साथी जो ताश के खेल में बहुत ही दिलचस्पी ले रहा था, "अरे खुले बाद में देखूँगा। खेल में बड़ा मजा आ रहा है (जेब से 40 रुपये निकाल कर नमकीन वाले को थमा देता है) जा भाई जा।"

इसी तरह खिलाड़ी खेलते रहे। गाड़ी स्टेशनों पर रूकती रही। खिड़की वाला आदगी सामान खरीदता रहा। हर बार 500 रूपये का नोट दिखाता रहा। छुट्टे के अभाव में दूसरे पैसे अदा करते रहे। अगला स्टेशन ग्वालियर आने को था। विनोद बाथरूम से निबटकर वापस आ रहा था कि उसने खिड़की वाले व्यक्ति की शक्ल देखी (खिड़की वाला व्यक्ति विनोद के पिछले वाली सीट पर बैठा था

अत: अभी तक विनोद उसकी शक्ल नहीं देख पाया था) अब जब विनोद ने उसकी शक्ल देखी तो कुछ सोचने पर मजबूर हो गया। वह दूर से खड़ा खड़ा उसकी तरफ देखते हुए अपने दिमाग पर जोर डालने लगा कि शायद उसने उस व्यक्ति को पहले भी कहीं देखा है। इतने में उस व्यक्ति ने अपने थैले से एक हैट निकाला तथा उसे अपनी सीट पर रखते हुए सामने वाले व्यक्ति से बोला "कृप्या मेरा हैट देखते रहिएगा। मेरा कोई मिलने वाला इस स्टेशन पर आएगा। मैं उससे मिलकर आता हूँ।"

गाड़ी की चाल धीमी पड़ी। खिड़की वाले व्यक्ति ने सामान से भरा अपना थैला उठाया ओर दरवाजे की और बढ़ गया।

गाड़ी रूकते ही वह व्यक्ति नीचे उतर कर पीछे की ओर जाने लगा। अचानक विनोद को सब कुछ याद आ गया। वह जल्दी से डब्बे के पिछले दरवाजे से उतर कर झट से उस आदमी के सामने खड़ा हो गया।

विनोद को अपना रास्ता रोके देख, ' क्या बात है? ऐसे मेरा रास्ता क्यों रोक रहे हो?"

विनोद ने बड़े ही सादगी भरे स्वर में कहा, जितने रुपये कमाए हैं उनमें 100 रुपये मिलाकर वापस करो।"

व्यक्ति आश्चर्य चकित होकर, "क्या मतलब?"

"मतलब तुम अच्छी तरह जानते हो।"

व्यक्ति रौब दिखाते हुए, "दादागिरी दिखाते हो, ठगी करते हो। अभी पुलिस को बुलाता हूँ।"

विनोद उसके दबाव में न आते हुए, "बुलाओ अन्यथा मुझे ही पुलिस बुलानी पड़ेगी। वैसे पुलिस बुलानी तुम्हें बहुत महंगी पड़ेगी

क्योंकि मैं जानता हूँ कि मैं एक ठग से (तेरे से) कभी ठगा गया था इसलिए अपने वे 100 रुपये वसूल रहा हूँ।''

विनोद की बात सुनकर ठग के चेहरे का रंग उड़ गया। उसकी बोल में हकलापन आ गया तो-तो, क्या.. आप... पहले भी...?''

''हाँ मै बहुत पहले तेरे द्वारा इसी प्रकार ठगा गया था।''

ठग हाथ जोड़कर तथा 500 रुपये का नोट बढ़ाते हुए, ''आप अपना पैसा काट लें तथा मुझे जाने दें।''

नहीं आज मैं तुम्हारी कुछ नहीं सुनूँगा। मेरे सौ रुपये के साथ-साथ तुम्हें यह थैला भी देना होगा अन्यथा मैं पुलिस के साथ उन सभी यात्रियों को भी बुलाता हूँ जिनको तुमने ठगा है।''

ठग विनोद के पैरों को हाथ लगाते हुए, ''ऐसा गजब न करें।''

''फिर जल्दी करो देखो सिग्नल हो गया है।''

ठग ने और कोई चारा न देख अपना सामान से भरा थैला विनोद के सुपूर्द कर दिया। 500 रुपये विनोद ने पहले ही पकड़ रखे थे। इतने में गाड़ी चल दी,'' छुट्टे नहीं हैं कहता हुआ विनोद झट से गाड़ी में चढ़ गया। ठग देखता ही रह गया।''

उधर उसके अपने डब्बे में लोग देखते हैं कि हैट वाला बाबू नहीं आया। सभी यात्री अपना अपना अन्दाजा लगाने लगे। एक यात्री ने सीट खाली देखकर हैट हटाकर बैठना चाहा। हैट उठाने पर सभी यात्री आश्चर्य चकित रह गए। हैट अन्दर से बिल्कुल फटा था तथा उसके नीचे एक छपी हुई पर्ची चिपकी थी जिस पर लिखा था 'सभी यात्रियों को सहायता के लिये धन्यवाद।'

एक:-अरे देखो भाई वह तो सभी को धन्यवाद देकर चला गया।

दूसरा:-दिखाना-दिखाना।

तीसरा-वह तो ठग निकला। सभी को चूना लगा गया।

पहला:-अरे ठग के पिछली वाली सीट भी खाली है।

दूसरा:-लगता है दोनों साथी थे।

अगले स्टेशन पर गाड़ी रूकती है तो विनोद हाथ में थैला लिए डब्बे में आता है। वह उसी सीट पर बैठ जाता है जिस पर पहले ठग बैठा था। सभी यात्री विनोद को घेर लेते हैं और पूछते हैं, "क्या वह हैट वाला व्यक्ति उसका साथी था?"

नहीं भाई लोगों मैं उसे नहीं जानता।"

एक:-फिर वह हैट वाला व्यक्ति कहाँ है?

दूसरा:-उसका हैट तो केवल नाम का है। अन्दर से फटा है।

तीसरा:-चलो ढूँढ़ते हैं, गाड़ी में कहीं तो मिलेगा।

पहला पुलिस को सूचित कर देते हैं अपने आप पकड़ लेगी।

शांत भाईयो शांत। अब वह आपको कहीं नहीं मिलेगा क्योंकि वह पिछले स्टेशन पर उतर गया था। अगर मैं उसे न पहचान पाता तो आप सचमुच ही ठगे गए थे। अब मैं आप लोगों के पैसे तो नहीं लौटा सकता अलबत्ता आप सब जिसका जो सामान बनता है वो ले लो। (विनोद सामान से भरा थैला यात्रियों के हवाले कर देता है)।

इसके बाद विनोद एक मिठाई वाले को बुलाकर दो किलो मिठाई देने को कहता है तथा वही 500 का नोट उसकी और बढ़ाता है। उस नोट को देखकर सभी यात्रियों की निगाहें विनोद की तरफ उठती हैं तथा सभी के मुँह से एक साथ निकलता है, "तो क्या ठग ठगा गया।"

विनोद की गर्दन झटका देकर एक ओर झुक जाती है तथा आँखें हाँ कहने के अन्दाज में बन्द हो जाती हैं।

तीन चूड़ियाँ

दास गुप्ता के दो लड़के थे। प्रवीण एवं पवन। दोनों शादी शुदा थे। प्रवीण नारायणा-दिल्ली में रहता था। उसकी पत्नी चेतना थी। लड़की चक्षु एवं लड़का नयन मात्र 6 एवं 4 वर्ष के थे। पवन गुड़गाँवा 973 सै.23-ए में रहता था। उनके मम्मी-पापा अपनी इच्छानुसार कभी नारायणा तथा कभी गुड़गाँवा रहते थे। परंतु तीज त्यौहार मनाने, दास गुप्ता की पत्नी संतोष, अक्सर नारायणा ही पहुँच जाती थी। कारण, गाँव में त्यौहार मनाने का आनन्द कुछ और ही होता है।

सैक्टरों में न कभी भीड़ दिखाई देती है न वह रौनक हो पाती है। वहाँ के वासी सब अपने में लगे रहते हैं वह भी अधिकतर अपने घरों के अन्दर। वहाँ चाचा, ताऊ, दादा, दादी, बुआ या मौसी शब्दों को सुनने के लिए कान तरस जाते हैं जिनका उच्चारण ही मन में अपने पन का एहसास दिला देता है। सैक्टरों में सभी अंकल तथा आंटी ही होते हैं। वहाँ एक दिखावटीपन सा महसूस होता है। आपस के मेल मिलाप में सच्चे प्रेम भाव का अभाव साफ झलकता है। थोड़ी बहुत रौनक देखने को मिलती है तो केवल सैक्टरों की मार्किटों में जो अधिकतर रिहायशी जगह से काफी दूर एकांत में होती हैं।

गाँव की गलियों की हर दुकान पर नयापन दिखाई देता है। जैसा त्यौहार वैसी सजावट। गलियाँ भीड़ से भरी दिखाई देती हैं। हर प्रकार एवं हर मजहब के लोग आते जाते दिखते हैं। गलियों में रेहड़ी पर

सामान बेचने वालों का आवागमन बढ़ जाता है। गाँव का हर वाशिन्दा एक दूसरे को बखूबी जानता है अतः सारे दिन राम-राम, नमस्ते तथा दुआ-सलाम चलती रहती है। अतः कुछ न करते हुए भी आपका समय गाँव में एक दूसरे से मिलने मिलाने में ही कट जाता है।

पहले तो नारायणा गाँव के बाहर एक निमड़ी हुआ करती थी। यह गाँव के बाहर वह जगह थी जहाँ नीम के बहुत सारे पेड़ लगे थे। तीजों के दिनों में इनकी डाल पर रस्सों के झूले डाल दिये जाते थे तथा गाँव की औरतें इन झूलों पर झूलकर भरपूर आनन्द लिया करती थी। औरतें ही क्या नौजवान भी झूलों की ऊँची-ऊँची पींगे बढ़ाकर श्रावण के मेले की रौनक बढ़ा देते थे। गाँव में रहने वाला हर वर्ग का आदमी आपस में ऐसे घुल मिलकर त्यौहार मनाते थे जैसे सभी एक ही परिवार से सम्बंध रखते थे। परंतु वर्तमान युग की चाल के साथ साथ नारायणा गाँव ने भी करवट बदलनी शुरू कर दी। जैसे सम्मिलित परिवारों का नामो निशान मिट गया, देखते ही देखते नीमड़ी का नामोनिशान भी मिट गया। वहाँ के सब पेड़ काट दिये गए। उनकी जगह ऊँची ऊँची इमारतों ने ले ली। हालाँकि गाँव के बाहर तीजों का मेला अब भी लगता था परंतु अब औरतें और बच्चे उन स्वच्छन्द झूलों का आनन्द लेने से वंचित हो चुके थे। अब तो सबको कृत्रिम तथा बनावटी झूलों पर ही निर्भर रहना पड़ता था।

आज तीज का पर्व था। औरतों ने व्रत रखा था तथा अपने अपने रसूलों के अनुसार पूजा-अर्चना करने की तैयारियाँ कर रही थी। वैसे तो गाँव की गलियाँ भीड़ी ही थी परंतु केवल दास गुप्ता के घर के सामने गली काफी चौड़ी थी। पूरी गली में यहीं एकमात्र स्थान था जहाँ रेहड़ी पर सामान बेचने वाले थोड़ी राहत महसूस करते थे। यहाँ वे रेहड़ी को एक तरफ लगाकर कुछ देर के लिये खड़े होकर अपनी

थकावट मिटाने का प्रयास कर लेते थे। फल, सब्जी, श्रृंगार के सामान से भरी रेहड़ियों पर से लोग सामान खरीद रहे थे। एक ने गली के बीचों बीच रस्सी बाँधकर साड़ियों की सेल भी लगा दी थी। इतने में आवाज आई तथा गली में गूंजने लगी। चूड़ीवाला चूड़ीवाला। चूड़ियाँ लो रंग-बिरंगी चूड़ियाँ। सुन्दर पक्की चूड़ियाँ। पक्के मींने की चूड़ियाँ। चूड़ियाँ लो चूड़ियाँ।

चूड़ीवाले की आवाज संतोष के कानों में भी पड़ी। उसने पहले अपने हाथों में पहनी चूड़ियों पर नजर डाली। सभी चूड़ियाँ ठीक ठाक थी। फिर संतोष ने अपनी बड़ी बहू चेतना को आवाज लगाई, चेतना, चेतना।''

चेतना जो ऊपर रसोई में काम कर रही थी, अपनी साड़ी के पल्लू से हाथ पोंछती नीचे आई और बोली, ''हाँ मम्मी जी क्या बात है?''

''बात क्या बस यह पूछना था कि चूड़ीवाला आया है। नई चूड़ियाँ पहनोगी क्या?''

चेतना अपने हाथों में पहनी चूड़ियों की तरफ देखते हुए तथा उन पर हाथ मारते हुए, ''मम्मी जी देख लो अभी तो ठीक सी हैं।'' संतोष ने अपनी बहू चेतना को समझाते हुए कहा, ''ठीक सी ही तो हैं। सारी पूरी तो नहीं। चल नई पहन ले।''

संतोष एवं चेतना दोनों नीचे गली में आ जाती हैं। चेतना अपने दोनों हाथों में नई चूड़ियाँ पहन कर वापस ऊपर आ जाती है। इसके बाद तीज का त्यौहर मनाकर संतोष वापस गुड़गाँव लौट जाती है। रक्षाबंधन के त्यौहार पर संतोष फिर जब नारायणा पहुँचती है तो क्या देखती है कि चेतना के हाथों में अब केवल तीन-तीन चूड़ियाँ ही बची थी।

संतोष चेतना के हाथों को देखकर, चेतना, यह क्या।"

चेतना संतोष का आशय न समझते हुए उतने ही आश्चर्य से, "क्या मम्मी जी?"

"तेरे हाथों की बाकी चूड़ियाँ कहाँ गई? क्या आधी उतार कर रख दी?"

"नहीं मम्मी जी।"

"फिर?"

चेतना थोड़ा सकुचाते हुए, मुल गई।"

संतोष थोड़ा गुस्सा दिखाकर, "ऐसा कौन सा कैसा काम करती हो जो 10–12 दिनों में ही तुम्हारी इतनी चूड़ियाँ मुल गई?"

"मम्मी जी आप भी कैसी बात करती हो। अब मैं कैसे बताऊँ कि कैसे मुल गई।"

त्यौहार पर संतोष ने अधिक पूछताछ करना अच्छा न समझ चेतना को और नई चूड़ियाँ पहनवा दी तथा अपने काम में लग गई। हालाँकि संतोष के अपने हाथों में केवल तीन तीन चूड़ियाँ ही थी फिर भी उसने और चूड़ियाँ नहीं पहनी क्योंकि अपनी उम्र के अनुसार उसके लिये इतनी चूड़ियाँ ही काफी थी।

दोपहर का समय था संतोष अपने दिवान पर, जिसे वह तख्त कहती थी, आराम से लेटी हुई थी। उसका पौत्र नयन अपनी अम्मा यानि संतोष के पेट पर बैठा खेल रहा था।

अपनी अम्मा के पेट पर एक चोट का निशान देखकर नयन ने बड़े भोलेपन से पूछा, "अम्मा आपके पेट पर ये क्या हो गया?"

"कहाँ बेटा?"

नयन अपनी उँगली से अम्मा के पेट की तरफ इशारा करते हुए बोला, "ये देखो आपके पेट पर सफेद सफेद दाग से बहुत हो रहे है।"

संतोष उचक कर अपना पेट देखकर, "वो मैं मोटर साईकल से तेरे बाबा ने गिरा दी थी ना। ये उसी चोट के निशान हैं।"

नयन ने ऐसा मुँह बनाया जैसे उसे चोट के दर्द का आभास हो रहा हो, "अम्मा, बहुत चोट लगी होगी।"

"हाँ बेटा, पर अब तो ठीक हो गई है।"

"अम्मा देखो मेरे भी चोट लग गई है।"

संतोष ने अपने पोते को ममता दिखाई, "अरे दिखा तो सही कहाँ लगी।"

नयन ने अपनी एक ऊँगली ऊपर उठाते हुए, "अम्मा देखो इस ऊंगली के ऊपर।"

संतोष ने नयन की उंगली को देखने के लिये अपने पौत्र का हाथ पकड़ा। उसने अपने पौत्र की उस उंगली का निरीक्षण किया जो उसने चोट लगने के कारण उठाई हुई थी। परंतु संतोष को कोई भी चोट का निशान नहीं दिखाई दिया फिर भी अपने पौत्र का दिल रखने के लिये झूठ-मुठ ही कहने लगी कि हाय कैसे लगी? जब से क्यों नहीं बताया ला मूव लगा देती हूँ। जल्दी ठीक हो जाएगी।

अनायास ही नयन की निगाह अपनी अम्मा के हाथों में पहनी हुई चूड़ियों पर पड़ी।

नयन अम्मा के हाथ में पहनी चूड़ियों को गिनते हुए, "अम्मा जी आपके हाथ में वन, टू, थ्री चूड़ियाँ हैं।"

अम्मा अपने पौत्र का हौसला बढ़ाते हुए, "वेरी गुड, ओ हो मेरे लाडेसर को तो गिनती भी गिननी आती हैं।" नयन इतरा कर, "अम्मा मैं टूवंटी तक गिन लेता हूँ।"

"अच्छा, मेरा बेटा तो बहुत होशियार हो गया है।"

नयन अचानक गम्भीर होकर बोला, "पर अम्मा सुनो।"

"हाँ बेटा बोलो।"

नयन बड़े भोलेपन से, "आप तीन चूड़ियाँ ही पहनती हो?"

संतोष अपने पौत्र के मन की बात जानने के लिए झूठ बोलते हुए, "हाँ पर क्यों?"

संतोष की उत्सुकता जागी कि इतना छोटा बच्चा ऐसा सवाल क्यों कर रहा है। उसे अपने पौत्र से ऐसी कोई भी बात सुनने की कतई भी आशा नहीं थी परंतु जब उसने अपने पौत्र के चेहरे को ठीक से निहारा तो उसने महसूस किया कि नयन के दिमाग में सचमुच ही कोई अजीब प्रश्न उठ रहा था। अतः संतोष ने नयन से फिर पूछा "हाँ बेटा बोल तू क्या कहना चाहता है?"

"अम्मा जी आप तीन चूड़ियाँ ही क्यों पहनती हो?"

"बस यूँ ही क्योंकि मुझे अधिक चूड़ियाँ पहनना पसन्द नहीं।"

नयन तपाक से, "फिर तो आप भी बच्चों को मारती होंगी।"

अपने पौत्र की बात सुनकर संतोष सकते में आ गई। वह उठकर बैठ गई। बड़े प्यार से उसने अपने पौत्र को गोदी में बिठाया और पूछा, "क्यों बेटा तूने ऐसा क्यों कहा?"

नयन अपने मन का डर खोलने लगा, "अम्मा जी मेरी मम्मी जी भी तीन चूड़ियाँ ही पहनती हैं।"

संतोष जिसकी अपने पोते के दिल की बात जानने की जिज्ञासा बढ़ती जा रही थी, "तो क्या बेटा?"

नयन अपने मन की व्यथा को उड़ेलते हुए बोला, "वे जब चाहे मुझे तथा चक्षु को थोड़ी सी बात पर ही थप्पड़ मार देती हैं।"

अपने पौत्र की बात सुनकर संतोष ने उसे अपने सीने से लगा लिया और बोली, "नहीं बेटा मैं ऐसी नहीं हूँ। क्या आज तक मैंने कभी तुम्हे मारा है? नहीं ना।"

नयन भी अपनी अम्मा के सीने से ऐसे चिपक गया जैसे कि अम्मा के मना करने पर उसे बहुत बड़ी राहत मिल गई हो। संतोष को भी अब चेतना की तीन चूड़ियों का राज पता चल गया था जिन्होंने उसके पोते के कोमल मन में एक प्रकार की गलत धारणा से दहशत बना रखी थी।

संतोष ने चेतना को बुला कर आईन्दा से बच्चों पर हाथ उठाने की बिल्कुल मनाही कर दी तथा समझा दिया कि हर छोटी-छोटी बात पर मारने से बच्चे ढीठ बन जाते हैं। बच्चों को डराने के और भी कई तरीके हैं। फिर बच्चे इस उमर में शैतानी नहीं करेगें तो कब करेंगे? और हाँ सुन (चेतना को शख्त ताकीद करते हुए) आईन्दा से तेरे हाथ में तीन चूड़ियाँ नजर नहीं आनी चाहिये। समझे।

नयन जो अपनी अम्मा की गोदी में दुबका यह सब बातें सुन रहा था बहुत संतुष्ट नजर आया परंतु फिर भी उसका अपनी मम्मी जी की तरफ देखते हुए ऐसा लग रहा था जैसे कह रहा हो मम्मी जी मुझे माफ कर देना मैंने नाहक ही आप पर डाँट पड़वा दी।

सहारा

टर्न-टर्न-टर्न-टर्न, सुरेंद्र सिंह के फोन की घंटी टनटनाई।

उसने अपने नौकर बहादुर सिंह से कहा, "देख बहादुर किसका फोन है?"

फोन पर दूसरे छोर से सुरेंद्र का लड़का मंजीत बोल रहा था।

बहादुर के बताते ही सुरेंद्र के मुख पर रौनक आ गई। वह झटपट उठा तथा फोन पकड़ लिया।

"पापा जी सत-श्री-काल मैं मनजीत....।"

"हाँ पुत्र सत-श्री-काल। बोल पुत्र बोल," सुरेंद्र का मन खुशी से उछल कर बाहर आने को हो रहा था।

"पापा जी आपकी बहुत याद आ रही है।"

"पुत्र मेरा भी यही हाल है। तीन साल हो गए हैं तेरा मुँह देखे। और हाँ यह तो बता कि मेरा पोता कैसा है?"

"पापा जी आपको यही तो बताना चाहता हूँ कि वह ढाई महीने का हो गया है। आपको बहुत याद करता है।"

सुरेंद्र सिंह जानते हुए भी कि ढाई महीने का वह बच्चा उसे कैसे याद कर सकता है जिसके ऊपर अभी तक उसकी परछाई तक भी न पड़ी हो। फिर भी बेटे का यह कहना ही सुरेंद्र के दिल की गहराईयों में उतर गया। उसने गदगद होकर कहा, "पुत्र मेरे पोते से

कह कि अब उसके याद करने की घड़ियाँ खत्म होने वाली हैं। उसका दादा जल्दी ही उसके पास अमेरीका आने वाला है।''

मनजीत तीन साल पहले शादी करके अमेरीका जा बसा था। वह वहाँ एक अच्छी कम्पनी में इंजिनीयर लगा हुआ था। उसकी पत्नी भी नौकरी कर रही थी। अत: दोनों खुशहाल जिन्दगी जी रहे थे।

सुरेंद्र यहीं भारत में भारतीय स्टेट बैंक में एक ऑफिसर था। उसकी पत्नी का स्वर्गवास हो चुका था। मनजीत उसकी इकलौती संतान थी। अकेले होते हुए भी सुरेंद्र ने मनजीत की देखरेख में कोई कमी न रहने दी। उसने अपने लड़के के लिए अच्छा खाना, उसकी पसन्द के अच्छे कपड़े, सब सुविधाओं से लैस मकान, तथा उच्च शिक्षा दिलाने के लिए मनजीत की इच्छानुसार खुलकर खर्च किया था। हालाँकि सुरेंद्र चाहता था कि मनजीत उसके पास ही रहे परंतु शायद वर्तमान युग की दौड़ में वह पिछड़ना नहीं चाहता था। सुरेंद्र के समझाने की लाख कोशिशों के बावजूद कि यहाँ भी उसे पैसों की कोई कमी नहीं रहेगी मनजीत का विदेश जाने का भूत न उतरा। अत: अपने और जवान साथियों की तरह जिद करके वह अपना भविष्य सुधारने के लिए विदेश चला गया। शुरू शुरू में बिल्कुल अकेला सुरेंद्र बहुत उदास रहता परंतु समय ने उसके मन के घाव भर दिए तथा उसे अकेला रहने की आदत पड़ गई। अपनी रोजमर्रा की जिन्दगी के कामों में हाथ बंटाने के लिए उसने एक छोटा सा लड़का बहादुर अपने पास रख लिया। बहादुर सुरेंद्र के घर की देखभाल करने के साथ साथ उसके कपड़े धोना, खाना बनाना इत्यादि काम भी कर दिया करता था।

पहले तो मनजीत के फोन यदा कदा ही आया करते थे परंतु अब दो तीन महीनों से जब से उसके लड़का हुआ था मनजीत का फोन हर दूसरे तीसरे दिन आ जाता है। हालाँकि मनजीत को पता था कि

उसके पापा जी की रिटायरमेंट में अभी तीन साल बाकी हैं फिर भी अब हर बार वह फोन पर अपने पापा को अपनी नौकरी छोड़ आने की सलाह देने लगा था। सुरेंद्र की समझ में नहीं आ रहा था कि पिछले तीन सालों में तो मनजीत ने एक बार भी मुझे बुलाने की इतनी व्यग्रता नहीं दिखाई फिर अब तीन महीनों में ऐसा क्या हो गया जो मुझे बुलाने के लिए वह इतना उतावलापन दिखा रहा है। फिर यही विचार लगा कर उसके मन में गुदगुदी सी होने लगी कि जैसे वह अपने पोते को देखने को लालायित रहता है शायद वैसे ही मनजीत भी दादा पोते का मिलन देखने को बहुत उत्सुक होगा।

सुरेंद्र 57 बसंत देख चुका था। उसके बाल धूप में सफेद नहीं हुए थे। वह जानता था कि एक मनुष्य का अचानक दूसरे को महत्त्व देना शुरू करने का क्या अर्थ हो सकता है। चाहे महत्त्व देने वाला उसका अपना सगा सम्बंधी ही क्यों न हो। मनजीत के रवैये के कारण पुराने जमाने से चली आ रही कहावत कि चापलूसों से सावधान रहना चाहिए सुरेंद्र के जेहन में उभर आई। हालाँकि मनजीत उसका अपना बेटा था फिर भी उसके मन में अपने पापा के लिए अकस्मात् उपजी हमदर्दी को भाँपते हुए सुरेंद्र ने अपने भविष्य के लिए एहतियात बरतना जरूरी समझा। मनजीत उसे नौकरी छोड़कर अमेरीका आने की जिद कर रहा था परंतु सुरेंद्र के मन में उपजी आशंका के चलते उसने 6 माह की छुट्टी ले अपने बेटे मनजीत के पास जाने का प्रोग्राम बना लिया।

जैसे जैसे जाने का समय नजदीक आता जा रहा था उसके मन का उतावलापन बढ़ता जा रहा था क्योंकि वह पहली बार हवाई यात्रा पर जा रहा था। सुरेंद्र नियत समय पर हवाई अड्डा पहुँच गया। विमान में बैठते ही उसने वे सब एहतियात बरतनी शुरू कर दी जो और अनुभवी लोगों द्वारा उसे समझाई गई थी। वह निश्चित होकर बैठ

गया परंतु जब विमान ने उड़ने के लिए हवाई पट्टी पर दौड़ना शुरू किया तो मन में उपजे भय के कारण उसने अपनी सीट को कसकर पकड़ लिया। और जब विमान उड़ान भरने लगा तो उसे ऐसा महसूस होने लगा जैसे उसके अन्दर का सब कुछ उसके गले से बाहर आने की चेष्टा कर रहा है। परंतु जहाज ऊँचाईयां पाकर जब समतल उड़ने लगा तब कहीं जाकर सुरेंद्र को चैन पड़ा। जब वह आशवस्त हो गया तो उसने जहाज की खिड़की से नीचे झांका। उसे जमीन पर लम्बी लम्बी सड़कें केवल आड़ी तिरछी रेखाओं की तरह दिखाई दी। उन सड़कों पर दौड़ रही गाड़ियाँ भी मात्र चीटियों के रेंगने जैसी प्रतीत हो रही थी। बड़ी बड़ी अट्टालिकाएँ बच्चों के खिलौनों के समान दिखाई दे रही थीं। उसे ये सब नजारे देखकर अपने मन में हँसी आ रही थी। वह इन दृश्यों का भरपूर आनन्द ले रहा था कि अचानक ये सब दृश्य उसकी आँखों से ओझल हो गए। उसकी समझ में नहीं आया कि वह कैसा जादू सा हो गया जो सब कुछ एकदम गायब हो गए। उसने अपने अगल-बगल झांका। सब सह यात्री शांत बैठे थे। किसी के चेहरे पर भी किसी प्रकार की कोई विस्मयता नहीं थी। इसलिए उसने इस जादू के बारे में किसी से कुछ भी पूछना उचित नहीं समझा तथा चुपचाप खिड़की से बाहर देखने लगा। सुरेंद्र आश्चर्य चकित रह गया जब एक बार फिर धीरे धीरे नीचे का दृश्य पहले की तरह साफ नजर आने लगा। अबकी बार वह अपने आप पर हँसने लगा जब उसने अपनी खिड़की के पास से गुजरते बादलों को देखा जो जमीन के नजारों के साथ लुकाछिपी का खेल खेल रहे थे। उसे पता चल गया था कि वह क्या जादू था।

धीरे धीरे अंधेरा होने लगा था। नीचे जमीन पर ऊपर आसमान की तरह अनगणित तारे झिलमिलाने लगे थे। सुरेंद्र आसमान से पृथ्वी की इस छटा को देखकर बहुत खुश हो रहा था। वह इस मनोहारी

दृश्य का हर पल अपनी आँखों में समा लेना चाहता था। जब वह यह सब देखते देखते थक गया तो उसने अपना सिर पीछे सीट पर टिका लिया और आँखें बन्द कर ली।

सुरेंद्र अतीत में खो गया जब मनजीत पैदा हुआ था। मनजीत के दादा जी को कितनी अपार खुशी हुई थी। मौहल्ले भर में खबर देने के लिए उन्होने कांशी की थाली बजवाई थी। थाली के बजते ही सभी को खबर हो गई थी कि मौहल्ले में फलाँ के घर पोता हुआ है। देखते ही देखते बधाईयाँ आनी शुरू हो गई थी। सभी खुशी दिखा रहे थे तथा मन ही मन एक पक्की दावत का इजहार कर रहे थे। मेरे पिता जी ने दावत भी कितनी शानदार दी थी। लोग आज भी उस दावत को याद करके उसका गुणगान करते हैं। पहले तो घर में पूरे पाँच दिनों तक औरतों के गाने बजाने होते रहे थे फिर आखिरी दिन आस-पास के सभी गाँवों के लोगों को दावत दी गई थी। सुरेंद्र को फिर याद आया मनजीत का घुटनों चलना, फिर उसका ठुमक-ठुमक कर पैदल चलना तुतलाकर बा...बा..., पा... पा...आदि बोलना तथा उसका मुझे बाहर जाते देख मचलना इत्यादि। सुरेंद्र ने सोचा कि उसके पिता जी कितने खुश नसीब थे जिन्होंने अपने पोते की हर कला को उभरते हुए देखकर उसका पूरा आनन्द लिया था। परंतु यह सोचकर वह कुछ उदास सा हो गया कि शायद वह अपने पोते की इन सब अवस्थाओं को निहारने से वंचित ही रह जाएगा। ऐसा सब सोचते सोचते सुरेंद्र को नींद आ गई। जहाज में लगे छोटे से झटके ने सुरेंद्र की झपकी तोड़ दी। जहाज में बोल रहे लाउड स्पीकर से पता चला कि हवाई जहाज अमरीका न्यूयार्क हवाई अड्डे पर उतर गया है।

आज सुखबीर 2 महीने 27 दिन का हो गया था। वह भी अपने दादा जी को लेने हवाई अड्डे आया था। मनजीत की गोदी में उसे देखकर सुरेंद्र की खुशी का पारावार न रहा। उसने झटपट आगे बढ़कर

सुखबीर को अपनी गोदी में लेते हुए कई बार चूम लिया। ऐसा लगता था जैसे ढ़ाई महीने की कसर वह अभी पूरी कर लेना चाहता हो।

घर पर तीन दिनों तक सुरेंद्र की खूब सेवा सुश्रा हुई। तीसरे दिन बातों ही बातों में मनजीत ने कहा, "पापा जी मैं और जीतो तो बहुत परेशान एवं चिंता ग्रस्त हो गए थे कि पता नहीं आप आओंगे भी या नहीं।"

सुरेंद्र अपने बेटे मनजीत की दिल की गहराईयों से अनभिज्ञ बड़े सरल भाव से बोला, "इसमें चिंता करने की क्या बात थी?" अपने पोते के पास आने का दिल तो मेरा तभी से कर रहा था जब से यह पैदा हुआ है।

अपनी मनोइच्छा की पूर्ति होते जान मनजीत बहुत प्रसन्न होकर चहकते हुए बोला, "पापा जी अब आप किसी प्रकार की कोई चिंता न करना। अब आराम से यहाँ हमारे साथ रहो हमारी भी सारी समस्याओं का हल हो जाएगा।"

अपने पुत्र तथा पुत्र वधू का स्नेह भरा व्यवहार पाकर तथा अपने पोते के साथ खेल खाकर पता ही न चला कि तीन दिन कैसे गुजर गए थे।

चौथे दिन सुबह सवेरे से ही घर में गहमा गहमी देखकर सुरेंद्र अचरज में पड़ गया। उसकी कुछ समझ में नहीं आया कि आखिर आज उसका बेटा तथा बहू इतनी जल्दी उठकर तथा नहा धोकर कहाँ जाने की तैयारी कर रहे हैं।

सुबह के आठ बजते बजते तथ्य सुरेंद्र के सामने आ गए जब जीतो ने उसे हिदायतें देनी शुरू कर दी। "पापा जी मैनें सुखबीर को हग्गीज पहना दी है। वैसे तो मेरे आने तक आपको जरूरत नहीं पड़ेगी फिर भी अगर किसी कारणवश जरूरत हो भी जाए तो टायलेट पेपर

का इस्तेमाल कर लेना। सुखबीर के दूध की बोतल भी भर कर रख दी है। एक बारह बजे पिला देना तथा दूसरी चार बजे पिला देना। आपकी कॉफी के लिए भी फ्रिज में दूध रख दिया है जब भी मन आए बना लेना। आपका खाना बना कर माईक्रोवेव ऊवन में रख दिया है। जब आपको भूख लगे तो गर्म करके खा लेना। झूठे बर्तन मशीन में डाल देना मैं आकर साफ कर लूंगी।'' ऐसी ही कई और हिदायतें देने के बाद जितो ने अपनी कलाई पर बंधी घड़ी को निहारा तथा यह कहते हुए, ''अच्छा पापा जी मुझे देर हो रही है मैं जा रही हूँ बाहर निकल गई।''

सुरेंद्र का लड़का मनजीत पहले ही यह कहते हुए घर छोड़ चुका था कि आज मेरी मेटर्निटी छुट्टियाँ खत्म हो रही हैं अतः ऑफिस जा रहा हूँ।

सुरेंद्र को एक झटके में ही पता चल गया था कि मेरे यहाँ न आने तक उसके पुत्र तथा पुत्र वधू को चिंता ने क्यों घेर रखा था। उसने समझ लिया कि वर्तमान मशीनी युग के नौजवानों ने पैसा कमाने की होड़ में अपनी संस्कृति, विवेक, अच्छे बुरे का ज्ञान, आपसी प्यार, सद्भाव, मान-मर्यादा, आदर सत्कार इत्यादि सब कुछ भुला दिया है। जानदार होते हुए भी अब वे एक बेजान मशीन बन चुके हैं।

अपनी बीती हुई जिन्दगी के बारे में सोचते हुए उसने पाया कि जो काम उसने इस उम्र तक कभी नहीं किए वे काम उसे अब इस उम्र में करने पड़ेंगे। सुरेंद्र ने याद किया कि कैसे उसकी पत्नी मनजीत को तैयार करके उसके बाबा के हवाले करती थी तथा अगर मनजीत कुछ गन्दा कर देता था तो उनकी आवाज के साथ ही वह मनजीत को दुरूस्त करने के लिए एकदम हाजिर हो जाती थी। यहाँ तक की मुझे भी उसने इस काम के लिए कभी भी हाथ नहीं लगाने दिया था।

सुरेंद्र ने महसूस किया कि उसके बच्चे अपनी स्वार्थ सिद्धी के लिए उसके स्वाभिमान को गहरी ठेस पहुँचा रहे हैं। उसने यह सोचकर कि अभी वह अपने आप में हर प्रकार से पूरा समर्थ है तथा किसी भी रूप में उनके आश्रित नहीं है मन में एक पक्का निश्चय कर लिया।

एक सप्ताह ऐसे ही बीत गया। सुरेंद्र पूरे दिन सुखबीर के साथ घर में अकेला रहता। वह पूरी तरह से सुखबीर की आया बन चुका था। सुरेंद्र बड़े उतावलेपन से अपने बेटा-बहू का शाम होने तक इंतजार करता। वे ऑफिस से थके माँदे आते, डब्बे का खाना बनाते, खाते, दो चार बातें करते और सो जाते। सुरेंद्र एक तरह से बिल्कुल अकेला रह गया था। घर के अन्दर ही क्या बाहर भी बोलने वाला कोई नहीं था।

आज रविवार था। जहाँ रोज सुबह से ही गहमा गहमी होने लगती थी। आज सब कुछ शांत था। सड़कें सूनी थी। सुरेंद्र अपनी चाय बनाकर घर की बाल्किनी में बैठा उसकी चुस्की लेते हुए सोच रहा था कि चलो आज तो घर में बहू के हाथ का बना खाना खाने को मिलेगा। डब्बों का खाना खाते-खाते वह उकता चुका था। उसके बहू बेटा उठे। मनजीत ने अपने पापा के पास आकर कहा, "पापा जी तैयार हो जाओ। बाहर घूमने चलेंगे। आज खाना भी बाहर का खाएँगे।"

मनजीत की बात सुनकर सुरेंद्र के मन में उपज रही घर के बने खाना खाने की सारी इच्छाएँ एकदम दब कर रह गई। वह अवाक अपने बेटे का मुँह ताकता रह गया। उसकी समझ में नहीं आया कि क्या वह पिछले छः दिनों से घर का खाना खा रहा था जो आज उसका लड़का कह रहा है कि पापा जी आज बाहर का खाना खाएँगे।

डेढ़ महीना तो सुरेंद्र ने अमेरीका में किसी तरह रो-पीटकर गुजार लिया परंतु अब दिन प्रति दिन उसके लिए यहाँ ठहरना दूभर होता जा रहा था। हालाँकि वह छः महीनों की छुट्टी लेकर आया था परंतु अब आगे छः दिन भी काटने उसे नाकों चने चबाने जैसा प्रतीत हो रहा था। अतः दो महीने खत्म होने से पहले ही, अपने मन में लिए निश्चय के अनुसार, एक दिन उसने मनजीत से कहा, ''बेटा अब मुझे जाना होगा।''

मनजीत को जैसे किसी बिच्छू ने डंक मार दिया हो। उसके मुँह से निकला 'क्या!' ओर उसका मुँह खुला का खुला रह गया।

जीतो भी भागी हुई अन्दर से ऐसे आई जैसे उसे बिजली का करंट लग गया हो। वह काँपती सी बोली, ''पापा जी आप यह क्या कह रहे हैं?''

''मैं जो कह रहा हूँ ठीक कह रहा हूँ।''

''पर पापा जी क्यों?''

''क्योंकि मेरी छुट्टियाँ समाप्त हो गई हैं।''

मनजीत ने बड़े ही बुझे मन से पूछा, ''तो क्या पापा जी आप नौकरी छोड़कर नहीं आए थे?''

''नहीं मैंने अभी ऐसा नहीं किया था।''

''क्या आप को यहाँ किसी चीज की कमी है, हमारे पास ऐशो आराम की हर वस्तु है। हमारे पास पैसा है जो जीवन में सबसे अहम भूमिका निभाता है।''

''मेरे लिए पैसा इतनी अहमियत नहीं रखता।''

''तब फिर क्या है?''

"मेरा स्वाभिमान जो मैं यहाँ खोता जा रहा हूँ।"

मनजीत अपने स्वार्थ को सिद्ध होते न जान एकदम से बिफर पड़ा, "पापा जी आपने हमें गलतफहमी में रखा। धोखा दिया।"

"मैनें तो नहीं अपितु तुम दोनों ने मुझे अवश्य यहाँ के बारे में अनभिज्ञ रखा।"

जितो ने बात आगे बढ़ाते हुए कहा, "पापा जी आप हमें मझधार में धकेल कर जा रहे हैं।"

"तुम दोनों तो खुद पहले से मझदार में बह रहे थे। मैं तो तुम्हें निकालने की नीयत से यहाँ आया था। परंतु एक तो तुम उससे बाहर निकलना ही नहीं चाहते दूसरे अब मेरे अन्दर इतना सामर्थ नहीं है कि मैं जबरदस्ती तुम्हें इस मझधार से निकाल सकूँ।"

खैर अधिक बात बढ़ाने से कोई फायदा नहीं क्योंकि तुम दोनों की रगों में यहाँ का वातावरण, संस्कृति तथा दिनचर्या ऐसे रम गए हैं कि अब इस धरती को अपने आप छोड़ना तुम्हारे लिए मुमकिन नहीं। मैं स्वदेश वापस जा रहा हूँ। अगर कभी याद आ जाए या आने का मन करे तो तुम्हारे लिए मेरे घर के दरवाजे हमेशा खुले रहेंगे।

मनजीत ने भी अपना फैसला सुनाते हुए कहा, "पापा जी जब आप यहाँ आए हुए ही वापस जा रहे हो तो फिर हम यहाँ अपना काम छोड़कर वहाँ आकर क्या करेंगे।"

सुरेंद्र ने भारी मन से कहते हुए "जैसी तुम्हारी मर्जी।" उनसे अलविदा ले ली।

विमान में बैठने तक सुरेंद्र के मन पर मनों बोझ जैसा प्रतीत हो रहा था परंतु विमान जैसे ही उड़कर आसमान में पहुँचा तो उसे ऐसा लगा जैसे वह भी खुले आकाश में एक उन्मुक्त पक्षी की तरह उड़ान

भर रहा है। सुरेंद्र का दिल प्रसन्नता से झूम उठा और अचानक उसके मुख से निकला, "सारे जहाँ से अच्छा हिन्दुस्ताँ हमारा।"

सुरेंद्र को अचानक अपने सामने खड़ा पाकर बहादुर की आँखें फटी की फटी रह गई। थोड़ी देर तो वह स्तब्ध देखता रहा परंतु चेतना जागने पर उसने आगे बढ़कर अपने मालिक के चरण छू लिए। सुरेंद्र ने उसे बाँह पकड़ कर उठाया तो देखा बहादुर की आँखें नम थी। सुरेंद्र ने घर का मुआईना करने के लिए चारों ओर नजर घुमाई तो पाया कि उसकी अनुपस्थिति में भी बहादुर ने घर की देखरेख बहुत अच्छे ढंग से की थी। फिर सुरेंद्र को जैसे अपने पेट में चूहे कूदते महसूस हुए हों अपने पेट पर हाथ फेरते हुए बोला, "बहादुर, घर का खाना खाए बहुत दिन हो गए हैं।"

सुरेंद्र का इशारा एवं आशय समझते ही बहादुर हरकत में आ गया तथा थोड़ी ही देर में सुरेंद्र अब भरे पेट पर हाथ फेर रहा था।

हालाँकि मनजीत तथा जितो ने सुरेंद्र पर लाछन लगाए थे इसलिए वह अमेरीका से कुछ रूष्ठ होकर आया था परंतु एक पिता चाहे वह कितना भी कठोर दिल क्यों न हो अपने बच्चों खासकर अपने पोते, के लिए अन्दर से लालायित तो रहता ही है। इसी तरह सुरेंद्र बाहर से तो अपने आपको बहुत सुखी तथा खुशहाल दिखाता था परंतु वास्तव में अन्दर ही अन्दर उसके मन को कुछ कचोटता रहता था। शायद इसी वजह से धीरे धीरे उसे हृदय रोग लग गया। एक रात उसकी इतनी हालात खराब हो गई कि बहादुर की सहायता से उसे अस्पताल में भर्ती होना पड़ा। बहादुर के अलावा सुरेंद्र को सहारा देने वाला कोई न था। बहादुर ने भी अपने मालिक की जी जान से सेवा की तथा किसी प्रकार की कोई कसर न छोड़ी। सुरेंद्र स्वास्थ्य लाभ पाकर जब वापस घर आया तो अमेरीका से मनजीत का फोन आया। कह रहा था, "पापा जी काम की व्यस्तता के कारण आपके बीमार होने पर

मेरा आना न हो पाया तथा अभी निकट भविष्य में भी आने की कोई सम्भावना नहीं है।''

सुरेंद्र चुपचाप अपने बेटे की बात सुनता रहा। मनजीत अब भी कहे जा रहा था, ''आप वहाँ अपनी सेवा सुश्रा के लिए किसी को रख लेना क्योंकि अभी आपको सहारे की जरूरत है। आप हमारी चिंता बिल्कुल न करना। आप तो यहाँ आकर देख ही गए हैं कि हम यहाँ कितने मजे में हैं।''

बेटे की बात सुनकर सुरेंद्र का मन रो पड़ा। उसकी जबान को जैसे काठ मार गया था। सुरेंद्र को कुछ जवाब देते न बन रहा था कि अचानक डॉक्टर की कही बातें उसे याद आ गई। अतः धैर्य रखते हुए उसने मनजीत से कहा ''बेटा तुम्हारे कहने से तो मेरी चिंताएँ खत्म न होती परंतु डॉक्टर साहब के कहने से मैनें चिंता करना बिल्कुल छोड़ दिया है। और हाँ रही सहारे की बात तो वह मुझे मिल गया है।''

मनजीत ने बड़ी उत्सुका से पूछा, ''पापा जी वह कौन है?''

सुरेंद्र ने बिना किसी हिचकिचाहट के, ''तुम्हारा सौतेला भाई।''

क्या! जैसे मनजीत को अपने कानों पर विश्वास न हुआ हो, ''मेरा सौतेला भाई।''

''हाँ, तेरा सौतेला भाई'', कहते हुए सुरेंद्र ने बड़ी आत्मीयता से बहादुर की तरफ देखा।

मनजीत अभी भी जो अस्मंजस्यता से बाहर न आ पाया था, ''परंतु आपने तो आज तक नहीं बताया कि मेरा कोई सौतेला भाई भी है।''

''मुझे खुद पता नहीं था। हालाँकि वर्षो से वह मेरे सामने ही रह रहा था परंतु मैं भी अब तक उसे पहचान नहीं पाया था।''

मनजीत ने अधीरता दिखाते हुए, ''पापा जी प्लीज जल्दी बताईये कि वह कौन है?''

सुरेंद्र ने बड़े ही संयम तथा पक्के इरादे से धीरे धीरे ऐसे कहा जिससे उसका बेटा मनजीत अच्छी तरह सुन ले, ''ब-हा-दु-र सि-हँ क-पूर।

इतना कहकर सुरेंद्र ने टेलीफोन का चोगा रख दिया तथा अपने बिस्तर से उठकर पास खड़े बहादुर को अपने सीने से लगा लिया। फिर उसके कंधे का सहारा लेते हुए, अपना सिर उस पर टिका कर फफक-फफक कर रो पड़ा। आज, सुरेंद्र के विचलित मन को सांत्वना मिल गई थी, उसने अपने बुढ़ापे का सहारा चुन लिया था।

उजाड़

शिवम देहली से बस में सवार हुआ। उसने फरीदाबाद से आगे बल्लभगढ़ का टिकट लिया था। बल्लभगढ़ पर उतर कर उसने एक फल वाले से पूछा, "क्यों भाई साहब क्या आप बता सकते हैं कि तिगांव को कौन सा रास्ता जाता है?"

फल वाला अपनी उंगली का इशारा करते हुए, "उस चौराहे से बाँए हाथ को जो सड़क कट रही है वह सीधे तिगांव जाती है।"

"यहाँ से तिगांव कितना दूर होगा?"

"यही कोई तीन कोस।"

शिवम अपना हिसाब लगाकर, "लगभग पाँच किलोमीटर होगा?"

"साहब हमें तो देसी हिसाब ही आता है उसी अनुसार आपको बता दिया। अब आप जानो कि कितना दूर होगा।"

"अच्छा वहाँ जाने के लिये कोई सवारी मिल जाएगी या नहीं?"

फलवाला आसमान की और देखकर, "साहब सूरज सिर पर है। कोई डेढ़ बजा होगा। तीन बजे से पहले आपको कोई सवारी नहीं मिलेगी।"

"क्या कोई बस भी जाती है?"

"न साहब न। आपको तांगा मिल जाए वही गनीमत समझो।"

तिगाँव के रास्ते में और भी तो गाँव पड़ते होंगे?"

"हाँ साहब रास्ते में पाँच छः गाँव पड़ते हैं।"

"तो क्या उस रास्ते पर जाने वाली सवारियाँ कम आती है?"

"ऐसी भी कोई बात नहीं है साहब।"

"तो फिर क्या बात है जो यात्रियों को यहीं दो-दो घंटे इंतजार करना पड़ता है?"

"साहब समय समय की बात है। पहले यहाँ से तांगे तथा टम्पू खूब मिलते थे।"

"फिर ऐसी क्या बात हो गई जो अब नहीं मिलते?"

"साहब इसका श्रेय हमारे चीफ मिनिस्टर को जाता है।"

शिवम आश्चर्य से, "चीफ मिनिस्टर! भला चीफ मिनिस्टर ने इस बारे में क्या किया होगा?"

"साहब उसने किया कुछ नहीं परंतु उनकी नीतियों के कारण यह हो गया।"

फल वाले की बात बड़ी दिलचस्प लग रही थी अतः शिवम की उत्सुकता पूरा किस्सा जानने के लिए बढ़ गई। इसलिए उसने कहा, "अभी मुझे यहाँ एक घंटा और इंतजार करना है। दोपहर की गर्मी होने की वजह से आपके पास भी ग्राहक नहीं हैं। मैं तुम्हारी पहेली ठीक से समझ नहीं पा रहा। अतः मुझे विस्तार से बताओ कि यहाँ से आने जाने के साधन मिलने इतने कम क्यों हो गए?"

फलवाले ने कहना शुरू किया तो शिवम बड़े ध्यान से सुनने लगा, 'साहब जी बात यह है कि चीफ मिनिस्टर जी ने शराब निषेध कानून के तहत हरियाणा राज्य के सारे शराब के ठेके बन्द करवा दिये हैं।"

"भाई, शराब के ठेके बन्द होने से सवारी के साधनों के कम होने का क्या सम्बंध?" शिवम ने बहुत ही आश्चर्य से पूछा।

फलवाला अपनी बात पर जोर देते हुए तपाक से बोला, "सम्बंध है। देखो न घोड़े तांगे वाले या टम्पू वाले सारा दिन अपना गला फाड़-फाड़कर सवारियों को बुलाते हैं।"

शिवम ने फल वाले की बात से सहमती जताई, "यह तो दुरूस्त है।"

"साहब जी एक आदमी कितनी देर चीख सकता है। अपनी आवाज को दुरूस्त रखने के लिये वे इन शराब के ठेकों का सहारा लिया करते थे। शाम को जब गला सूख जाता था तो शराब से अपना गला तर कर लिया करते थे। ऐसा करने से गला ठीक होने के साथ साथ उनके शरीर में स्फूर्ति भी आ जाती थी।"

शिवम जो फल वाले के इस तर्क से शायद सहमत नहीं था बोला, परंतु अपने अन्दर स्फूर्ति लाने के और भी तो कई तरीके हैं जो अपनाए जा सकते थे।"

"अपनाए जा सकते थे परंतु यहाँ के लोगों की मनोदशा तथा कार्य शैली के अनुसार शराब के सेवन से कारगर तरीका और कोई नहीं है साहब।"

शिवम तांगा स्टैंड की तरफ नजर दौड़ाकर, "अच्छा भाई अब चलता हूँ। लगता है कोई तांगा आया है। कहीं निकल न जाए। वापस भी आना है। बाकी की बातें तांगे में बैठकर सफर के दौरान ही पता कर लूँगा।"

शिवम तांगे के पास आकर खड़ा हो जाता है। वहाँ एक औरत भी खड़ी थी। और किसी को नजदीक न देख शिवम ने उस औरत से ही पूछा, "क्या यह तांगा तिगाँव भी जाएगा?"

"हाँ बाबू जी जाएगा, "फिर औरत ने बड़े विशवास से जैसे उस इलाके के सभी व्यक्तियों को जानती हो प्रश्न किया", "इस इलाके में नये आए हो?"

"हाँ जी। बस तिगाँव तक जाकर वापस आना है।"

"क्यों वहाँ क्या बात है?" फिर जैसे उस औरत को अपनी भूल याद आई हो उसने झट से दूसरा प्रश्न किया, "वैसे आपको किसके यहाँ जाना है?"

"मुझे सेठ धर्मदास जी के यहाँ जाना है।"

"साहब, क्या आप उनके कोई रिश्तेदार लगते हैं?"

"नहीं। उनका लड़का मेरे साथ एयरफोर्स में नौकरी करता है। उसने थोड़ा सा सामान भेजा है। वह देना है तथा उनके घर की खैर खबर भी लानी है।"

"हाँ उनके घर तो मर्द लोग मिल ही जाएँगे," कहकर औरत एक लम्बी सांस लेकर छोड़ती है तत्पश्चात उसके कंठ से एक आह सी निकलती है।

इतनी देर में और कई सवारियाँ आ जाती हैं। इनमें सभी औरतें व बच्चे ही थे। तांगा भर जाता है। परंतु विनोद को यह देखकर आश्चर्य होता है कि वही औरत जिसके साथ वह अभी तक बातें कर रहा था, तांगा चालक की सीट पर आकर बैठ गई और चाबुक उठाकर तथा घोड़े की लगाम पकड़कर जोर से बोली, "चल मेरी रानी।"

एक औरत को ताँगा हाँकते देख शिवम विस्मय से भर गया, "अरे तो क्या आप ही...?"

"क्यों आश्चर्य हो रहा है न एक औरत को तांगा हाँकते देखकर?"

"हाँ जी बात तो कुछ ऐसी ही है। फिल्मों में तो हमने ऐसी बातें देखी थी।"

"हाँ बाबू आपने शोले पिक्चर देखी होगी। उसमें हेमा मालिनी (बसंती) तांगा हाँकते हुए कहती है 'चल मेरी धन्नो' और उसकी धन्नो तांगा लेकर सरपट दौड़ने लगती है।"

तांगे में बैठे सभी लोग मुस्कराने लगते हैं तथा वह औरत एक जोर का ठहाका लगा कर हँसने लगती है। परंतु शिवम ने भाँप लिया कि उस औरत के हँसी के ठहाके के पीछे एक वेदना छिपी महसूस हो रही थी क्योंकि तभी तो हँसी के साथ साथ उस औरत की आँखों में पानी छलछला आया था। जिसको उसने अपने आंचल से बड़ी खूबसूरती से छिपा कर पौंछ लिया था तथा किसी को पता भी न चला था।

तांगा आगे बढ़ता रहा। रास्ते में दो गाँव पड़े जहाँ एक दो सवारी उतर गई। शिवम ने देखा कि सारा रास्ता सुनसान पड़ा था। कभी कभी कोई एक-आद व्यक्ति दूर जाता हुआ दिखाई दे जाता था अन्यथा गांवों के बाहर भी वीरानापन महसूस होता था। अचानक शिवम के जेहन में एक बात का विचार आया।

शिवम तांगे वाली की ओर देखकर, "आपने बड़े बैठे हुए दिल से अभी थोड़ी देर पहले यह कहा था कि, 'हाँ उनके घर तो कोई न कोई मर्द मिल ही जाएगा' उसका क्या तात्पर्य था?"

"साहब अभी तक आपने भी अन्दाजा लगा लिया होगा कि इस इलाके में मर्द बहुत कम दिखाई दिये होंगे।"

"सो तो है। परंतु इसका कारण समझ नहीं आया।"

"देखो साहब जहाँ आप जा रहे हो वह बनियों का घर है। और बनिये लोग इस पीने पिलाने से दूर ही रहते हैं। अतः अधिकतर अपने घर ही रहते है जब तक उन्हें बाहर कोई काम न हो।"

"अच्छा-अच्छा यह बात है।"

तांगे वाली एक गाँव के बाहर तांगा रोककर, "आप यह जगह देख रहे हो? कभी यहाँ शराब का ठेका हुआ करता था। शाम को यहाँ लोगों का जमघट लग जाता था। लोग शराब का जाम लगाते लगाते खूब हंसी मजाक करते रहते थे जिसकी गूंज दूर तक सुनाई देती रहती थी। उनका यहीं हंसी मजाक गाँव के छोटे-छोटे बच्चों तथा औरतों का कभी कभी मन बहलाने का अच्छा साधन बन जाता था। शराब पिये हुए लोगों की कभी कभी हाथापाई भी हो जाया करती थी। (उसने हाथ की अंगुली से थोड़ी दूर इशारा किया) वह देख रहे हो न, वह मेरा मकान है। मेरा मकान थोड़ा ऊँचाई पर होने की वजह से यहाँ का नजारा वहाँ से साफ नजर आता है। जब यहाँ मर्दों का जमघट लगा होता था तो वहाँ गाँव की औरतों का जमाव हो जाया करता था। वहीं से शराबियों की हंसी ठिठोलियों का वे सब सम्पूर्ण आनन्द लिया करती थी। मर्द लोगों में से कोई पीकर लुढ़क जाता तो कोई लड़खड़ाते कदमों से अपने घर पहुँच जाता। जो लुढ़क जाता था उसके घर वाले उसे सहारा देकर अपने घर ले जाते थे। इस तरह जो भी मर्द वहाँ होते थे रात होते होते अपने अपने घर पहुँच जाया करते थे। इसलिये गाँव आबाद से दिखाई दिया करते थे।

यही नहीं, वह देखों हमारे यहाँ की चौपाल का क्या खस्ता हाल हो गया है। कभी यह सजी संवरी आने वाले हर पथिक का ध्यान अपनी और खिंच लेती थी परंतु अब इसमें झाड़ू लगना भी नसीब नहीं है।"

फिर तांगे वाली ने तांगा हांकते हुए कहा, "चल रानी देर हो रही है। साहब को छोड़कर वापस भी आना है।"

"क्या आप वहाँ मेरे लिये थोड़ा इंतजार कर सकती हो? क्योंकि मुझे वहाँ अधिक समय नहीं लगेगा।"

मैं वहाँ अपनी घोड़ी को चारा-पानी दूँगी जिससे उसकी थकावट उतर जाए। इसमें आधा घंटा तो लग ही जाएगा। अगर इतने समय में आप आ गये तो मैं आपको वापस भी ले जा सकती हूँ।''

''वैसे तो मैं पूरी कोशिश करूँगा की समय पर पहुँच जाऊँ परंतु फिर भी आप मेरा इंतजार कर लेना। वैसे अभी आपकी उस बात के रहस्य से पर्दा नहीं उठा है कि यहाँ के शराब के ठेके बन्द होने से गाँव के मर्द लोग कहाँ चले गये। यह भी कि यहाँ की धर्मशालाओं या चौपालों पर इसका कुप्रभाव कैसे पड़ा। अतः वापसी में इनका भी आपको खुलासा करना है।''

शिवम की बात सुनकर औरत मुस्करा दी तथा उसका इंतजार करने की हामी भरने के लहजे में अपनी गर्दन हिला दी।

(तिगांव से वापसी पर)

तांगे में बैठते ही अपनी जिज्ञासा का निवारण करने हेतू शिवम ने पूछा, ''हाँ तो पहले वह पहेली सुलझाईये कि यहाँ की चौपालें क्यों सुनसान तथा विरान सी रहने लगी है।''

तांगेवाली भी जवाब देने को तैयार थी, ''बाबू जी आप आजकल के ब्याह शादियों में प्रचलन के बारे में तो अच्छी तरह जानते होंगे। नौजवानों का उसमें नाचना एक प्रथा सी बन गई है। और इस नाच के लिये उनके पैरों का ठुमका तभी लगता है जब उनके पेट में दो पैग शराब के जा चुके होते हैं। यहाँ हरियाणा में आप न तो शराब ला सकते हैं तथा न पी सकते हैं। अगर ऐसा करते पकड़े गये तो सीधी जेल की हवा खानी पड़ेगी। इसलिये नौजवानों का यह शौक तो तभी पूरा हो सकता है जब शादी ब्याह हरियाणा की सीमा से बाहर हो। दिल्ली की सीमा यहाँ से ज्यादा दूर नहीं है अतः आजकल सारे शादी ब्याह वहीं बार्डर पर फार्म हाऊसों में निपटा लिये जाते हैं। इसलिये यहीं की चौपालों तथा धर्मशालाओं में धूल जमी है।''

"चलो यह बात तो साफ हो गई कि यहाँ कि चौपालों में रौनक क्यों नहीं रही परंतु यह तो मेरे लिये अभी तक पहेली ही बनी हुई हैं कि यही शराब के ठेके बन्द होने से यहाँ के मर्द लोग कहाँ चले गये?"

"साहब मर्द लोग चले कहीं भी नहीं गये। सब के घर यहीं हैं परंतु अब उनकी रातें अधिकतर बाहर ही कटती हैं।"

शिवम आश्चर्य से, "रातें बाहर कटती हैं?"

तांगेवाली ने अपनी बात साफ करते हुए कहा, "हाँ बाबू जी। सुबह से दोपहर तक तो मर्द लोग यहीं दिख जाते हैं। वे थोड़ा बहुत काम भी करते हैं। परंतु दोपहर बाद ज्यों-ज्यों शाम होने लगती है उनका पलायन शुरू हो जाता है। वे हरियाणा-देहली के बार्डर पर पहुँच जाते हैं। जैसा कि मैनें पहले भी बताया था कि वहाँ शराब पर कोई पाबन्दी नहीं। अतः वहीं जाकर वे अपनी लत की पूर्ति करते करते शराब के नशे में धुत हो जाते हैं। फिर किसको खबर रहती है घर की, बीवी की तथा बच्चों की। अगर खबर रहे भी तो वापस घर पहुँचना मुश्किल हो जाता है। इसलिये सभी इकट्ठा होकर वहीं रैन बसेरों में रात गुजारते हैं।"

अब आई बात समझ में कि चीफ मिनिस्टर के मदिरा निषेधाज्ञा कानून लागू करने के कारण ही कैसे यहाँ के घर वीरान, सूने एवं गाँव दिखने लगे हैं उजाड़।

माँ का आँचल

नवम्बर का महीना था। थोड़ी थोड़ी ठंड पड़नी शुरू हो गई थी। दिन भी छोटे हो गए थे। शाम को सूरज देवता जल्दी सोने लगे थे। इसलिए छः बजते बजते अंधेरा घिरने लगता था। यही समय होता था जब नौकरी पेशा लोग अपने घरों को लौटते थे। गोरा और गायत्री भी अपने ऑफिस से कुछ देर पहले ही लौटी थी। गायत्री का घर गोरा के घर से पहले पड़ता था अतः उसे छोड़ते हुए गोरा आगे निकल जाती थी।

आज गोरा को अपने घर जाकर याद आया कि उसकी घड़ी गायत्री के हैंड बैग में ही रह गई है। सुबह कहीं उठने में देर न हो जाए इसलिए गोरा उल्टे पाँव ही अपनी घड़ी लेने गायत्री के घर की और चल दी। गोरा ने ज्यों ही अपनी सहेली गायत्री के घर के अन्दर कदम रखा तो वहाँ का दृश्य देखकर वह ठगी सी खड़ी रह गई। गायत्री ने अपने चार वर्ष के लड़के गौरव को अपने वक्ष से चिपकाया हुआ था। ऐसा प्रतीत हो रहा था जैसे गायत्री उसे अपने अन्दर समा लेना चाहती हो। गायत्री की आँखे बन्द थी तथा उनसे अश्रुधारा बह रही थी जो रूकने का नाम ही नहीं ले रही थी।।

गोरा की कुछ समझ नहीं आया कि माजरा क्या था। अभी कुछ समय पहले ही तो वह अपनी सहेली गायत्री को ऑफिस से आते हुए रास्ते में छोड़कर गई थी। फिर इतने में ऐसा क्या हो गया कि वह जार जार रो रही है। थोड़ी देर गोरा गायत्री को चुपचाप खड़ी निहारती रही।

वह अपनी सहेली के हाव भाव से अन्दाजा लगाने की कोशिश करने लगी कि वास्तव में गायत्री के शांत स्वभाव रोने का कारण क्या हो सकता है। गायत्री को कुछ पता नहीं था कि कोई उसके सामने खड़ा था। क्योंकि वह आँखे बन्द किए तथा गौरव को अपने सीने से लगाए शांत स्वभाव अश्रु बहा रही थी।

सामने खड़ी गोरा ने गायत्री की मुद्रा से इतना तो अन्दाजा लगा लिया कि वे आँसू किसी दुखः के कारण नहीं थे क्योंकि गायत्री के हाव भाव दिखा रहे थे कि जैसे उसके बहते अश्रु ममता से सराबोर थे तथा वे गौरव को उसके ममत्व के रस में नहला देना चाहते हों। गौरव भी अपनी मम्मी जी के वक्षों के बीच उसकी ममत्व की छाया में सिर छुपाए अपने को सुरक्षित एवं स्नेह प्राप्त करता हुआ अपनी आँखे बन्द किए निश्चल बैठा था। फिर भी गोरा ने गायत्री को झकझोरते हुए पूछा, "क्या हो गया गायत्री?"

गायत्री ने गोरा के प्रश्न का कोई उत्तर नहीं दिया और चुपचाप अश्रु बहाती रही।

गोरा ने एक बार फिर कोशिश की और पूछा, "गायत्री गायत्री क्या हुआ?"

गायत्री जैसे सारे संसार का वैभव अपनी बाँहों में समेटे उसका सुख भोगने में तल्लीन थी, अपनी आँखे बन्द किए हुए धीरे से बुदबुदाई, "कुछ नहीं।"

"तो फिर अपनी ऐसी हालत क्यों बना रखी है?"

"भगवान के दिए परम सुख का अनुभव कर रही हूँ।"

गोरा उसकी गूढ़ बातों का कुछ मतलब न निकाल सकी अतः पूछा, "किस सुख की बात कर रही हो?"

"भगवान जो एक माँ को प्रदान करता है।"

"माँ तो तुम बहुत पहले बन चुकी थी?"

"परंतु अभी तक मैं इस सुख से अनभिज्ञ थी।"

"आज कैसी पागलों जैसी बातें कर रही हो। तुम्हारी यह पहेली तो मेरी कुछ समझ नहीं आ रही है।"

"इस पहेली का राज असल में मैं भी आज ही जान पाई हूँ।"

गोरा की व्यग्रता बढ़ती जा रही थी इसलिए उसने बहुत ही उत्सुकता से जानना चाहा, "मैं भी तो जानूँ कि वह पहेली क्या है?"

गोरा की बात सुनकर गायत्री अपने अतीत में हिचकोले खाने लगी। उसने अपने जीवन की दास्तान सुनानी शुरू कर दी।

'जानती हो गोरा हम सात भाई बहन थे। आपस में लड़ते झगड़ते, हँसते खेलते तथा छीना झपटी करते न जाने कब बड़े हो गए। माँ बाप को कभी किसी की और इतना ध्यान देते पाया ही नहीं था क्योंकि हम बच्चे ही आपस में अपना दुख दर्द बाँट लिया करते थे। मुझे याद है मैं पाँच वर्ष की होने पर भी कभी कभी अपनी माँ के उघड़े स्तनों को चुसने लगती थी। जब मैं ऐसा करती थी तो मेरी माँ के चेहरे पर एक अजीब लालिमा साफ नजर आने लगती थी। उनका ममत्व उमड़ पड़ता था। एक दो घूंट पिला लेने के बाद बड़े प्यार से मेरे सिर पर ममतामयी हाथ फेरते हुए खुद शर्माकर हँसते हुए झिड़क कर मुझे दूर हटा देती थी। अपने चेहरे पर एक अजीब आभा लाते हुए वह कहती थी, "मर जानी इतनी बड़ी हो गई है फिर भी इसका बचपना नहीं गया। मुझे उनका दो घूंट पिंला देना तथा सिर पर ममता से परिपूर्ण हाथ फेरना ऐसा महसूस होता जैसे मुझे अमरत्व मिल गया हो

उन दिनों लड़कियों की शिक्षा को भी अधिक महत्त्व नहीं दिया जाता था। मुश्किल से ही ऐसी कोई लड़की मिलती थी जो मैट्रीक

पास होती थी। सातवीं या आठवीं कक्षा पास करने के बाद से ही लड़की को घर के काम काज में दक्ष करना अनिवार्य समझा जाता था। मौहल्ले पड़ोस के साथ साथ माँ बाप को भी फिकर सताने लगती थी अतः कहने लगते थे कि हमारी लड़की सयानी हो गई है इसलिए इसके हाथ पीले कर देने चाहिए। सभी के विचार रहते थे कि अधिक पढ़ लिखकर लड़की क्या करेगी, पढ़ाई लिखाई करके उसे नौकरी तो करनी नहीं फिर पैसों के साथ साथ समय का भी खौ क्यों किया जाए। लड़की को ससुराल जाकर तो केवल गृहस्थी ही सम्भालनी है।

मैनें किसी तरह रो पीटकर अपने घर वालों के विरोध के बावजूद स्नातक की डिग्री हासिल कर ली।

अचानक हमारे देश में लोगों के रहन सहन एवम विचारों में एक बहुत बड़ा परिवर्तन आया। अपने देश की बेहिसाब बढ़ती आबादी को रोकने के लिए सरकार ने कई कारगार कदम उठाने शुरू कर दिए। देशवासियों ने भी इनका पुरजोर समर्थन किया। हम दो हमारे दो का नारा देश के कोने कोने में गुंजायमान हो गया। यही नहीं लोगों ने इस पर अमल भी किया। इसके साथ साथ सरकार द्वारा चलाये गये साक्षरता अभियान से लड़कियों में शिक्षा ग्रहण करने की भावना को बहुत बल मिला।

शिक्षा के क्षेत्र में जागृति आने से महिलाओं ने विभिन्न रोजगारों को अपनाना शुरू कर दिया। अपनी योग्यता, कार्यक्षमता तथा आत्म विश्वास से राष्ट्र की उन्नति में योगदान देना शुरू कर दिया। गोरा, इस बहाव में मैं भी बह गई।

मेरा विचार था कि रोजगार के क्षेत्र में आने से महिलाओं को कुछ आजादी मिल जाती होगी परंतु वास्तव में ऐसा नहीं है। उल्टा

पुरानी परम्परागत कठिनाईयों के साथ साथ कामकाजी महिलाओं को और भी बहुत सी समस्याओं से जूझना पड़ता है।

आज भी एक नारी किसी भी कार्यक्षेत्र में अपनी मर्जी से नहीं रह सकती। उसका ऐसा करना या तो अपने पीहर या फिर अपने ससुराल वालों की मर्जी पर निर्भर रहता है। हालाँकि देश में चहूँ और विकास तो हुआ है परंतु समाज में व्याप्त रूढ़िवादिता वहीं की वहीं हैं।

वर्तमान में लड़के उसी लड़की से शादी करना चाहते हैं जो नौकरी पेशा हो। कमाई तो औरत करती है परंतु उस पर अपना अधिकार नहीं जमा सकती। एक महिला स्वयं पर खर्च करने में भी हिचकिचाती है क्योंकि उसे अपने वेतन का पूरा पूरा हिसाब देना पड़ता है।

सारा दिन दफ्तर में काम करने के बावजूद घर आकर घर के कामकाज का पूरा जिम्मा उसी का माना जाता है। घरेलू कार्यों के साथ साथ बच्चों की देखभाल भी उसे बखूबी निभानी पड़ती है। बच्चों की परवरिश में कोई कमी रहने से, उनमें गलत आदत या कोई कुसंगति पनपती है तो उसकी जिम्मेदारी भी महिला पर ही थोप दी जाती है।

यही नहीं अगर ऑफिस में काम करते करते देर हो जाए तो महिला के चरित्र पर लांछन लगाने में, मौहल्ले पड़ोस वाले तो क्या, उसके घर वाले भी नहीं चूकते। इसी तरह दफ्तर में सामूहिक मनोरंजन के कार्यक्रमों में एक महिला का हिस्सा लेना भी उसके परिवार वालों को नागवार गुजरता है।

कहने को तो हमारा समाज महिलाओं को स्वतंत्रता देने की राह पर चल रहा है तथा हर कोई उसकी शेखी बघारता है परंतु विचारों

का पिछड़ापन जहाँ का तहाँ है। आज जरूरत है स्वच्छ मानसिकता की जो कहीं भी दिखाई नहीं देती।

गायत्री कहे जा रही थी तथा गोरा सुनती जा रही थी। जब गोरा से अपनी सहेली की और अनाप सनाप बातें सुनी न गई तो वह खीज कर बोली, "गायत्री तुम्हारे यह सब कहने का औचित्य क्या है मेरी तो कुछ समझ में नहीं आ रहा।"

"गोरा मैं तुम्हें बताना चाहती हूँ कि इन सब झमेलों को झेलते हुए भी मैं नौकरी क्यों करती हूँ? क्यों अपने दूध मुँह बच्चे के हाथ से अपना आँचल खींचकर उसे रोता बिलखता, दूसरों के सहारे छोड़कर, अपनी नौकरी को ज्यादा तवज्जो देती हूँ।"

पैसा कमाने के आज के परिवेश को देखते हुए मैं भी इस भीड़ में शामिल हो गई थी। वर्तमान युग में आदमी के लिए पैसा कमाना इतना महत्त्वपूर्ण हो गया है कि वह इस को पाने के लिए कुछ भी करने को तैयार है। आदमी की पैसा कमाने की प्रवृति इतनी बढ़ गई है कि वह इसे इकट्ठा करने के लिए अपने रिश्ते, नाते, इंसानियत इत्यादि सभी कुछ गँवाने में कोई शर्म महसूस नहीं करता। यहीं कारण है कि परिवार टूटते जा रहे हैं, रिश्ते बिखर रहे हैं, अपनों से अलगाव बढ़ता जा रहा है, यहाँ तक की अपने बच्चों की परवरिश भी ढंग से नहीं हो पाती है। कमाई की होड़ में किसी को ख्याल नहीं आता कि उनका लाड़ला जो सुबह से शाम तक एक अनपढ़ गँवार तथा शुद्र कही जाने वाली बाई की संगत में रहेगा वह किस प्रवृत्ति को धारण करेगा। जीवन की इस महत्त्वपूर्ण बात को नजर अन्दाज करते हुए पूंजी के बढ़ने से आदमी भौतिक सुखों को ही वास्तविक सुख मान बैठा है। भौतिक साधन जैसे कार, टी. वी. एयर कंडीशनर इत्यादि मनुष्य के अंतर्मन को शक्ति प्रदान करने की बजाय उसमें अहंकार भर देते हैं। इसी अहंकार के वशिभूत वास्तविक्ता में वह बहुत

अकेला होता जा रहा है। और जब वह अपने अकेलेपन का अहसास करता है तो दुखी हो उठता है।

गोरा, आदमी को अपनों के बीच बैठकर तथा अपने बच्चों की सच्चे मन से परवरिश करने पर ही खुशी एवं संतुष्टि प्राप्त हो सकती है। पुराने जमाने के लोग ठीक ही कहा करते थे कि भगवान अगर किसी को इस संसार में अवतरित करता है तो उसके भोजन का इंतजाम पहले ही कर देता है। उनका यह भी मानना था कि हर मनुष्य अपनी किस्मत लिखवाकर आता है। लाख कोशिश करने के बावजूद कोई विधाता के द्वारा लिखे उस लेख को बदल नहीं सकता।

गोरा जानती हो एक बार महालक्ष्मी ने सुदामा की दारूण स्थिति देखकर श्री कृष्ण भगवान से आग्रह किया कि वे अपने मित्र का उद्धार क्यों नहीं कर देते तो श्री कृष्ण जी ने हँसते हुए कहा; "महालक्ष्मी मैं विवश हूँ क्योंकि उसकी किस्मत में ऐसा ही लिखा है।"

इस पर महालक्ष्मी ने संशय जताया, "भगवान लगता है आप उसकी सहायता करने से कतरा रहे हैं।"

श्री कृष्ण जी ने साफ शब्दों में कहा, "तो आप खुद उसकी सहायता कर के देख लो।"

उस दिन महालक्ष्मी के कारण सुदामा को बहुत अधिक भिक्षा मिली। वह खुशी खुशी अपने घर लौट रहा था कि एक साँड़ की वजह से भगदड़ मच गई। सुदामा लोगों की चपेट में आ गया और उसका सारा सामान सड़क पर बिखर गया। यह देखकर कृष्ण जी ने महामाया से हँसते हुए कहा, "देख लिया महालक्ष्मी, यह उसकी किस्मत में नहीं था।" अर्थात् भाग्य में लिखे से ज्यादा कोई कुछ भोग नहीं सकता। गोरा, आज इस का एहसास मुझे मेरे लड़के गौरव ने

दिलाते हुए तथा मेरी पैसा कमाने की ललक को एक झटके में धराशाही करते हुए समझा दिया कि मैं अपने दायित्व से कितनी विमुख हो गई थी।

गोरा, आज जब मैं ऑफिस से वापस आई थी तो रोजमर्रा की तरह अपने साथ गौरव के लिए खाने पीने का काफी सामान खरीद कर लाई थी। वह गमगीन एवं उदास होकर मेरा इंतजार कर रहा था। मैंने उसके लिए लाया सामान उसकी तरफ बढ़ाया तो उसने लेने के लिए कोई प्रतिक्रियाँ नहीं दिखाई। मुझे ऐसा महसूस हुआ जैसे उसके अन्दर कुछ प्रतिद्वन्द चल रहा है। मैने आगे बढ़कर बड़े प्यार से उसे अपनी गोदी में बैठाकर पूछा, "बेटा क्या बात है आज आप इतने गमगीन क्यों दिख रहे हो?"

शायद मेरे प्रश्न का उस पर कोई असर नहीं पड़ा था। तभी तो उत्तर देने की बजाय वह अपनी ही सोच में डूबा रहा। मैं हाथ मुँह धोकर वापस आई तब भी गौरव सोच की गहन मुद्रा में था। उसकी स्थिति देखकर मेरा दिल जोरों से धड़कने लगा कि न जाने आज गौरव को क्या हो गया है अन्यथा वह मुझे देखकर खिल उठता था।

मेरे आकर उसके सामने खड़े हो जाने के एहसास से उसने अपनी नजरें ऊपर उठाई तथा बड़े ही संयम से बोला, "मम्मी जी आप ऑफिस में कितने घंटे काम करती हो?"

मुझे गौरव का प्रश्न सुनकर बहुत अटपटा सा महसूस हुआ तथा आश्चर्य भी हुआ। फिर भी उसकी मनोइच्छा को जानने के लिए कहा, "आठ घंटे।"

गौरव के दूसरे प्रश्न ने तो मुझे और भी असमंजस में डाल दिया जब उसने जानना चाहा, "आपको इन आठ घंटों के कितने पैसे मिलते हैं?"

मैं इसे गौरव की बेहूदगी समझते हुए डाँटना ही चाहती थी कि उसकी नजरों में एक आत्मविश्वास की झलक देखकर सहम गई और जवाब दिया, "800 रूपये।"

मेरा जवाब सुनकर गौरव ने धीरे से अपना तकिया उठाया तो मैं यह देख कर दंग रह गई कि उसके नीचे पाँच तथा दस रूपयों के कुछ नोट रखे थे। उन्हें देखकर एक बार तो मेरा दिल शंका से भर गया कि आखिर ये नोट उसके पास आए कहाँ से। मैं कुछ पूछना ही चाहती थी कि गौरव ने बड़े इत्मिनान से उन्हें गिनना शुरू कर दिया। वह गिनता जा रहा था, पाँच, दस,.... नब्बे और पिचानवे। जब उसने सारे नोट गिन लिए तो बड़ी दुख भरी नजरों से गौरव ने मेरी और देखा। परंतु अचानक ही उसके चेहरे पर एक विजयी मुस्कान बिखर गई तथा वे 95 रुपये मेरी और बढ़ाते हुए बहुत ही मासूमियत से बोला, "लो मम्मी जी आप जो मुझे कल मेरी जेब खर्च के लिए पाँच रूपये दोगी उन्हें मिलाकर ये 100 रूपये हो जाएँगे।"

मैने आश्चर्य चकित उसे देखते हुए नोट पकड़ लिए। मुझे महसूस हो रहा था कि उसके अन्दर कुछ बड़ा रहस्यमय द्वन्द चल रहा है परंतु मैं अन्दाजा लगाने में असमर्थ थी कि वह क्या है। जब मैंने नोट पकड़कर उसकी तरफ प्रश्न वाचक दृष्टि से देखा तो उसने अपने मन की बात खोल दी और कहा, "मम्मी जी अब कल आप एक घंटा मेरे साथ बिताएँगी ना।"

अपने छोटे से गौरव की मनोइच्छा उसके मुख से सुनकर मैं अवाक निढाल सी होकर रह गई। एक अबोध बालक ने मुझे उस कर्त्तव्य का बोध करा दिया था जो पैसा कमाने की होड़ में मैं बिल्कुल भुला चुकी थी। यही सोचकर मेरा अंतर्मन रो उठा कि मेरा बच्चा एकाकी जीवन जीते हुए मेरा प्यार पाने के लिए कितना तड़पा

होगा। और अंत में ममतामयी आँचल की छांव पाने के लिए कितनी बेहतरीन युक्ति अपनाई है।

गोरा मेरा मन यह भी सोचकर रो रहा है कि मेरे गौरव की तरह न जाने कितने लाखों बच्चे, आज माँ बाप की पैसा कमाने की ललक के कारण उनके स्नेह, प्यार, सहानुभूति और अच्छी परवरिश इत्यादि से वंचित रह जाते होंगे। वर्तमान युग में पैसों के पीछे जीवन का मूल्य ही बदल गया है।

कमाई के चक्कर में जैसे माँ बाप अपने बच्चों की परवरिश खुद नहीं कर पाते तथा उनको अपने नौकरों के रहमो कर्म पर छोड़ने को अपनी मजबूरी समझने लगे हैं वैसे ही बड़े होकर बच्चे भी अपना फर्ज भूलकर बुजुर्ग माँ बाप को बे-सहारा छोड़कर विदेशों में बसने लगे हैं।

आज गौरव ने मुझे जता दिया कि माँ द्वारा जेब खर्च के लिये दिया पैसा बच्चे को उस समय तक ही खुशी दे सकता है, जब तक वह उसे खर्च नहीं कर लेता। बच्चों को पैसा देकर माँ बाप शायद निश्चिन्त हो जाते हैं कि उन्होने अपना फर्ज निभाकर बच्चे के दिल को जीत लिया है। परंतु वे यह भूल जाते हैं कि इससे वे बच्चे की भावना प्रेम, अपनत्व, एवं आदर नहीं पा सकते। क्योंकि बच्चों की परवरिश माँ द्वारा अपने हाथों से न करने से बच्चे अपने को अकेला तथा अनाथ सा महसूस करने लगते हैं।

बच्चों को अपनी माँ के आँचल का अभाव हमेशा खलता रहता है। गोरा, आज की त्रासदी यही है कि अबोध बच्चे अपनी माँ के स्नेहिल आँचल की गरिमा को प्राप्त करने के लिए हमेशा बेताब एवं लालायित रहते हैं।

श्रवण बाप

गुड़गाँवा, हरियाणा प्रदेश का दिल्ली से सटा इलाका, किसानों के आगमन के साथ साथ खरीदारों की भारी भीड़ से पूरे दिन गुले गुलजार रहता था। सुबह भौर से ही आसपास के गाँवों से गुड़गाँवा अनाज मंडी की और जाती बैल गाड़ियों के पहियों की गड़गड़ाहट, बैलों के गले में बंधी घंटियों की टनटनाहट तथा किसानों की हांकते हुए बैलों की गुनगुनाहट मन को मोहित कर लेती थी।

गुड़गाँवा के आसपास के गाँव से किसान अपना अनाज, फल तथा सब्जियाँ लाकर गाड़ियों को खाली करके, मंड़ी के बीच लम्बे चौड़े फर्श पर, ढेरियों में तब्दील कर देते थे। जब तक बाजार के आढ़ती अपनी पूजा अर्चना से निवृत हो अपनी अपनी गद्दियों पर विराजमान नहीं हो जाते थे तब तक किसान लोग अपने बैलों को चारा पानी देकर खुद भी सुस्ता लेते थे। इतने में ग्राहकों का आवागमन शुरू हो जाता था।

सामान की ढेरियों की बोली लगती एक रूपया, एक रूपया... पांच रूपये, पांच रूपये......दस रूपये और जिसकी सबसे ज्यादा बोली होती माल उसका हो जाता। इसके बाद तराजुओं से माल की तुलाई शुरू हो जाती। यह अधिकतर पांच सेर की होती थी जिसे धड़ी कहते थे। याद रखने के लिए तौलने वाला, एकम, एकम...दोकम, दोकम.. तीनकम, तीनकम...इत्यादी गुनगुनाता रहता था। तुलाई के बाद

जब तक ढुलाई होती तब आढ़ती लेने देने का हिसाब किताब करते और दोपहर तक मंडी का लम्बा चौड़ा मैदान साफ हो जाता।

इसी मंडी में रूप नारायण नाम का एक प्रसिद्ध आड़ती था। उसके तीन पुत्र थे राम प्रसाद, शिव प्रसाद और गोपाल प्रसाद। तीनों पुत्र अपने व्यवहार में भी अपने नाम के अनुरूप ही थे। राम प्रसाद राम चन्द्र जी की तरह पक्का पितृभक्त था, शिव प्रसाद शिव जी की तरह बिल्कुल भोला भंडारी था तो गोपाल प्रसाद श्री कृष्ण जी की तरह बहुत चंचल प्रवृत्ति का लड़का था। रूप नारायण के ससुर मुंशी राम का सदर बाजार में एक जनरल स्टोर था। उसका काम बहुत अच्छा चल रहा था। उसके पास सुख सुविधा का हर सामान मौजूद था परन्तु उसके कोई संतान नहीं थी जो उनके बाद उनका कारोबार संभाल सकता। अपनी इकलौती बेटी की शादी करने के बाद अकेलेपन का एहसास करते करते मुंशी राम स्वर्ग सिधार गए। मुंशी राम की पत्नी अनारों बहुत दृढ़ निश्चय एवम निडर महिला थी। अपने पति की मृत्यु के बाद उसने उसका कारोबार बिखरने नहीं दिया और बहुत अच्छे ढंग से चलाया।

धीरे धीरे अनारों की बढ़ती उम्र उस पर हावी होने लगी। वह अब इतनी मेहनत करने में असमर्थ होती जा रही थी जितनी एक जनरल स्टोर को सुचारू रूप से चलाने के लिए चाहिए थी। इसलिए अनारों ने अपने बुढ़ापे का सहारा ढूँढ़ने की कवायद शुरू कर दी। अनारों की खोज अपने धेवते अर्थात् अपनी लड़की के मंझले लड़के शिव प्रसाद पर जाकर खत्म हो गई। अनारों ने शिव प्रसाद को गोद ले लिया।

अनारों के पति को गुजरे हुए 20 वर्ष हो चुके थे। वह तभी से अकेली रह रही थी। जनरल स्टोर से उसे फुर्सत नहीं मिलती थी इसलिए घर की देखभाल न होते देख उसने अपना आशियाना बेच दिया था तथा जनरल स्टोर के एक हिस्से में ही अपने खाने-पीने,

रहने–सहने, नहाने धोने तथा सोने का प्रबंध कर लिया था। अब उसका जनरल स्टोर ही उसका संसार रह गया था।

शिव प्रसाद अपनी नानी जी के काम में सहारा तो बन गया परन्तु रहने की उचित व्यवस्था न होने के कारण वह गुड़गाँव और सदर बाजार के बीच लुढ़कता पत्थर बन गया था क्योंकि कुंवारा होने की वजह से उसने अपने लिए सदर में किराए का मकान लेना उचित नहीं समझा था। शिव प्रसाद की परेशानियों को भांपकर उसके घरवालों ने एक सुयोग्य कन्या देखकर जल्दी ही उसकी शादी कर दी। शादी के बाद शिव प्रसाद अपनी पत्नी सहित सदर बाजार में एक किराए के मकान में रहने लगा।

अब शिव प्रसाद को अपना काम बढ़ाने के लिए काफी समय मिलने लगा। वह दिन दूनी रात चौगुनी तरक्की करने लगा। समय के साथ उसके घर दो रूपों में लक्ष्मी बढ़ने लगी। एक तरफ जहाँ उसके पास धन लक्ष्मी बढ़ रही थी वहीं उसके परिवार में लड़की रूपी लक्ष्मी की भी बढ़ोतरी हो रही थी। मतलब यह कि शिव प्रसाद 5 वर्ष के अंदर ही तीन देवियों का पिता बन चुका था। शिव प्रसाद और उसकी पत्नी ने हर प्रकार की मन्नतें माँगी, डॉक्टरों को दिखाया, नामी ग्रामी दवाईयों के बताने के अनुसार आचरण किया परन्तु ईश्वर के आगे किसी की न चली। अनारों ने भी हताश होकर अपने भाग्य को कोसना शुरू कर दिया कि न तो उसने खुद अपने लड़के का मुँह देखा न अब अपने पोते का मुँह देख पा रही हूँ। वह अंदर ही अंदर घुलने लगी थी।

भगवान की करनी की थाह कोई नहीं जानता कि किस के पिटारे में कब क्या भर दे। शायद अनारों देवी को अपनी खुद की वंश बेल को फलते फूलते देखने का सौभाग्य प्राप्त नहीं था। वह अपने पोते को देखने की अभिलाषा को मन में लिए ही स्वर्ग सिधार गई।

परमपिता की अनुकम्पा से अनारों देवी की मृत्यु के एक वर्ष बाद शिव प्रसाद को पुत्र रत्न की प्राप्ति हो गई। नवजात दीपक का आगमन बड़ी धूमधाम से मनाया गया। शिव प्रसाद तीन बहनों में एक भाई पर सब्र न कर सका। वह अपना परिवार बढ़ाता रहा और इस प्रकार वह पाँच लड़कियों और एक लड़के का बाप बन गया।

पाँच दूसरों की अमानतों के बीच अकेला कुल का चिराग होने की वजह से 'दीपक' को हाथों पर रखा जाने लगा। उसकी हर छोटी बड़ी ख्वाहिश तत्काल पूरी कर दी जाती थी। घर के बाकी सात सदस्य सारा दिन दीपक की सेवा सुश्रा में लगे रहते थे। स्कूल में जाने लगा तो कोई उसके जूते पॉलिश करता, कोई कपड़े पहनाता, कोई नाश्ता लगाता, कोई बस्ता तैयार करता वह तो बस टुकुर टुकुर सब को काम करते देखता ही रहता। यह देख वह घर के दूसरे सदस्यों अर्थात अपनी बहनों से एक मालिक और नौकर जैसा व्यवहार करने लगा। धीरे धीरे, एक तानाशाह की सोच उसकी आदत में शुमार हो गई। अब वह घर में आए मेहमानों के साथ खुद भी एक मेहमान सा दिखाई पड़ता था।

ऐसे मौज मस्ती, लाड़-प्यार एवम् आराम परस्ती के माहौल में वह अधिक पढ़ लिख न सका फिर भी गनीमत यह रही कि घर के लाड़ले ने कोई बुरी लत मसलन जुआ, शराब, बीड़ी, सिगरेट, गुटखा इत्यादि तो नहीं पाली अपितु उसने अपने माँ-बाप की सेवा करने की बजाय उनसे अपनी सेवा कराने की सबसे बुरी लत पाल ली। बड़े होने के साथ साथ वह अपने जन्म दाताओं को हीन भावना से देखने लगा। उसके इस आचरण पर उसके माँ-बाप ने कभी कोई प्रतिकूल प्रक्रिया जाहिर नहीं की जिससे वह उन पर दिन प्रतिदिन हावी होता चला गया।

जवान होने पर दीपक की शादी कर दी गई। शुरू शुरू मे नई दुल्हन सुनीता ने अपने सास–ससुर की बहुत सेवा की। अपनी नन्दों से भी उसका व्यवहार अपनी सगी बहनों की तरह रहा। परन्तु पति की संगत ने उसे बिगाड़ने में देर न लगाई और उसने भी अपने पति के पद चिन्हों पर चलना शुरू कर दिया। अब शिव प्रसाद, अरूणा तथा पाँचों लड़कियाँ दीपक और सुनीता की सेवा में लगे रहते और वे दोनों मौज मस्ती करते रहते।

दीपक जनरल स्टोर के काम को एक निम्न कोटि का काम समझता था इसलिए इसकी गद्दी सम्भालने में उसे कोई दिलचस्पी नहीं थी। वह तो उच्च कोटि का काम करने की ख्वाहिश रखता था जिसमें उसे मेहनत न करनी पड़े और बैठे बिठाए अच्छी खासी कमाई हो जाए।

दीपक का एक साढू था, संदीप, जिसके पास घी, तेल, नमक, आटा, बिस्कुट इत्यादि की बहुत सी एजेंसियां थी। जब कभी दीपक अपने साढू से मिलता वह दीपक के सामने फूली फूली हांकता और दिखाता कि उसके साथ सब कुछ ठीक चल रहा है तथा उसका काम तो केवल बैठकर एवम् आराम करते हुए देखभाल करना है। सारा मेहनत का काम उसके नौकर ही करते हैं। अपने साढू की बात सुनकर दीपक बहुत प्रभावित हो जाता और मन ही मन सोचता कि काश उसे भी ऐसा कुछ करने को मिल जाता तो उसके भाग्य जाग जाते। दीपक का साढू संदीप बड़ा घाघ था। उसने दीपक की दुखती रग को पहचान लिया। संदीप को दो तीन एजेंसियां कुछ लाभ का सौदा नजर नहीं आ रही थी। उन पर उसकी लागत भी बहुत थी। इन एजेंसियों की वस्तुओं का नाम तो बहुत प्रचलित था बिकती भी बहुत थी परन्तु मेहनत, ऊपरी खर्च तथा लागत को मिलाकर मुनाफा शिफर ही आता था। अर्थात नाम बड़े और दर्शन छोटे।

संदीप इन एजेंसियों से छुटकारा पाना चाहता था। जैसे गर्म लोहे को चोट मारने से उसे अपने तरीके से ढालने में अधिक जोर नहीं लगाना पड़ता उसी प्रकार दीपक की भावनाओं का फायदा उठाने की गरज से संदीप ने उसके सामने प्रस्ताव रखा, दीपक मेरे से सारी एजेंसियों का काम ठीक से संभल नहीं रहा। मैं दो तीन एजेंसियां छोड़ने का विचार कर रहा हूँ।"

संदीप की बात सुनकर दीपक विचारों में खो गया। सही समय और स्थिति को भांप संदीप बोला, "अगर चाहो तो उन एजेंसियों को आप ले लो।"

संदीप की बात सुनकर दीपक के मन में लड्डू फूटने लगे। उसे अपने कानों पर यकीन नहीं हो रहा था कि इतनी जल्दी उसे जनरल स्टोर से छुटकारा तथा मन की मुराद मिल जाएगी। परन्तु वह यह समझ कर सहम गया कि उसके जनरल स्टोर का क्या होगा। दीपक की मनोभावना को समझ कर संदीप ने एक और वार किया, अरे भाई अपने जनरल स्टोर में सुबह से शाम तक खटते रहोगे। न ढंग का पहन पाओंगे न कहीं मन के मुताबिक आ जा सकोगे परन्तु एजेंसियों की तो सप्लाई होती है अगर एक दिन न गई तो दूसरे दिन चली जाएगी। ग्राहक तो टूटेगा नहीं।"

दीपक असमंजसता में धीरे से बोला, "परन्तु मैं अकेला कैसे कर पाऊँगा?"

संदीप जैसे जानता था कि दीपक यह प्रश्न करेगा उसने बिना कोई देर लगाए फट से रास्ता सुझाया, अपने पापा को मनाना ही पड़ेगा। वैसे इसमें तुम्हें दिक्कत नहीं आएगी। क्योंकि तुम्हारे पापा तुम्हारी कोई बात नहीं टालते।"

संदीप का सुझाव सुनकर दीपक का हौसला बढ़ गया। उसने अपने पापा को सदियों पुराना बखूबी चलता कारोबार छोड़कर अपने

साढ़ू की एजेंसियां लेने की मंशा से कहा, पापा जी आपके इस काम में मेहनत ज्यादा और मुनाफा बहुत कम है।''

''तूने कैसे जाना?''

''अपने घर की हालत देख कर।''

''क्या मतलब?''

''हमारे पास इतना पैसा भी नहीं है कि एक चार पहियों की गाड़ी भी खरीद सकें। बस खाने पीने का गुजारा तो किसी तरह चल रहा है।''

''क्या तुम्हें यह नहीं दीखता कि इसी धंधे की बदौलत मैनें छः बच्चों की शादी कर ली, अपना घर बना लिया, अच्छा खा पी रहे हैं। तुम्हें और क्या चाहिए?''

दीपक अपनी बात पर जोर देकर बोला, ''हाँ, यहीं तो मैं समझाना चाह रहा हूँ कि सुबह से रात तक मेहनत करने पर भी हम केवल खाने पीने लायक ही रह जाते हैं।''

''तो तू क्या चाहता है?''

''मैं चाहता हूँ कि हम भी संदीप की तरह का कोई काम क्यों नहीं कर लेते?''

शिव प्रसाद ने समझाना चाहा, ''बेटा एक तो हमारे लिए वह नया काम होगा दूसरे उसके लिए पैसा भी बहुत लगाना पड़ेगा और तीसरे वह स्थान हमारे घर से बहुत दूर पड़ेगा।''

दीपक तो हसीन सपने संजोए था अतः बोला, ''पापा जी हम वहीं रहकर अपना काम शुरू करेंगे।''

''वह कैसे?''

"पापा जी गुड़गांवा हमारा अपना मकान बाजार में है। उसमें नीचे अपना काम करेंगे और ऊपर रिहाईस रहेगी।"

"फिर यहाँ के मकान का क्या करेंगे?"

"बेच देंगे।"

दीपक ने तो ऐसे कह दिया जैसे अब उस मकान की कोई अहमियत नहीं रह गई थी परन्तु शिव कुमार अपने लाड़ले की बात सुनकर एक बार को सुन्न हो गया। उसने कितने अरमानों से वह मकान बनवाया था और उसके लाड़ले लड़के ने कितनी आसानी से उसे बेचने को कह दिया था। अपने पिता जी को चुप देख दीपक ने झकझोरा, "क्या हुआ पापा जी?"

शिव कुमार अपने होश मे आकर, "तुमने क्या कहा इसे बेच देंगे?"

"हाँ पापा जी जब हम यहाँ रहेंगे ही नहीं तो मकान का क्या करेंगे?"

"यह किराए पर भी तो दिया जा सकता है?"

"आपके विचार दुरूस्त हैं परन्तु गुड़गावां का मकान ठीक कराने और एजेंसी का माल भरने के लिए पैसा चाहिएगा वह कहाँ से आएगा?"

"तेरी बात ठीक है परन्तु........?"

अपने पापा जी की बात पूरी न सुनकर दीपक ने टोका, पापा जी इस मकान के लिए अपना मोह त्याग दो क्योंकि आने वाली तरक्की के लिए कार्यरत होना ही हितकर है। मकान तो भविष्य में और भी खरीदे जा सकते हैं।"

"अच्छा इस दुकान का क्या होगा?" पूछा शिव प्रसाद ने।

"इसका भाग्य भी मकान जैसा ही बनेगा परन्तु अभी इसमें देर लगेगी।"

शिव प्रसाद ने दिल पर पत्थर रखकर अपने लाडले के सामने घुटने टेक दिए। चलती दुकान बंद कर दी गई, मकान बेच दिया गया तथा परिवार के सभी सदस्य गुड़गांवा जाकर रहने लगे। संदीप ने तीन एजेंसियों का कारोबार दीपक को सौंप दिया। शिव प्रसाद की सारी जमा पूंजी एवम् मकान का पूरा पैसा गुड़गावां के मकान को रहने लायक बनाने में तथा एजेंसियों के माल भरने पर ही खर्च हो गया। जो थोड़ा बहुत पैसा बचा था वह सबके सामने उजागर हो गया था।

एजेंसियों का काम शुरू हुआ तो दीपक के होश फाकता हो गए। सदर बाजार के जनरल स्टोर पर तो वह यदा कदा ही जाता था और कभी जाता भी था तो बना ठना महाराजा की तरह गद्दी पर बैठकर नौकरों को हिदायते देता रहता था। परन्तु यहाँ तो गुड़गावां के आसपास के इलाकों से उसे माल का आर्डर लाना, सप्लाई का सामान भिजवाना फिर उगाही के लिए जाना इत्यादि बहुत से काम निभाने पड़ते थे। हालाँकि शिव प्रसाद कहीं नहीं जाता था परन्तु उसे भी ठीये पर दिनभर के लिए बंधकर बैठना पड़ता था। दीपक के सारे सपने हवा बन कर जल्दी ही उड़ने लगे। जिसने सारी जिंदगी मौज मस्ती में गुजार दी हो वह कड़ी मेहनत का बोझ कैसे सहन कर सकता था। थोड़े दिनों में ही दीपक को दिन में तारे नजर आने लगे और वह पस्त होकर अपने पापा से बोला, पापा जी नाहक ही आपने सदर का जनरल स्टोर बंद किया।"

शिव प्रसाद अपना सब कुछ गवांकर अपने ऊपर लगे इल्जाम को भांपकर बहुत आहत हुआ। उसने दीपक को बताया, "बेटा ऐसा करने के लिए तुमने ही तो मुझे मजबूर किया था।"

पापा जी ठीक है इन्होंने कहा था परन्तु आप तो बड़े थे। आपको तो सोचना चाहिए था कि ऐसे अच्छे चलते काम को बंद करना बुद्धिमानी नहीं होगी'', पीछे खड़ी हुई दीपक की पत्नी सुनीता ने जवाब दिया।

''बेटा मेरी तो उम्र हो गई है अगर दीपक तरक्की करना चाहता था तो इसमें मेरा क्या कसूर रहा?''

सुनीता अपना माथा ठोककर, ''कसूर तो किसी का नहीं मेरे भाग्य का है।''

''इसमें तुम्हारा भाग्य कहाँ से बीच में आ गया जो कोस रही हो?''

''और क्या करूँ। अब हमारा क्या होगा?''

''सदर की दुकान तो अभी बेची नहीं है?''

शिव प्रसाद के मुँह से सदर की दुकान का नाम सुनते ही सुनीता की बांछे खिल गई। उसे अपनी चाल कामयाब होती नजर आई। घर की पूरी धन राशि के साथ साथ अपने सास ससुर से अपना पिंड छुड़ाने का रास्ता साफ होता दिखाई दिया। वैसे तो उसकी बाछें खिल गई परन्तु अपनी भावनाओं को दबाकर उसने पूछा, ''तो पापा जी।''

''दोबारा उसे शुरू कर देते हैं।''

''परन्तु पापा जी घर तो हमने बेच दिया है?''

''फिलहाल किराए पर ले लिया जाएगा।''

अपने मन की दबी इच्छाओं को अमली जामा पहनाने का प्रयास करते हुए सुनीता बोली, इतने बड़े परिवार के लिए मकान भी तो बड़ा चाहिएगा।''

"सुनीता के इरादों से अनभिज शिव प्रसाद ने उसका समर्थन किया, हाँ वह तो है।"

शिव प्रसाद की भल्मान्सियत का फायदा उठाकर सुनीता तपाक से बोली, "पापा जी हम ऐसा करेंगे।"

"कैसा?"

मन में वर्षों से दबी लालसा को सुनीता ने बाहर निकालने में कोई देर न लगाई, फिलहाल आप और मम्मी जी यहीं रहना। हम सदर जाकर छोटा सा मकान किराए पर ले लेंगे। जब दुकान का काम जम जाएगा तो बड़ा मकान ले लेंगे तब आप भी वहाँ आ जाना।"

सुनीता के मन में छुपी दुर्भावना को न समझ शिव प्रसाद ने हामी भरते हुए कहा, "हाँ यह ठीक रहेगा।"

एजेंसियों का काम बंद कर दिया गया। शिव प्रसाद और अरूणा को छोड़ दीपक का पूरा परिवार सदर जाने के लिए अपना बोरिया बिस्तर बाँध कर तैयार हो गया। शिव प्रसाद जनरल स्टोर तीस साल से चला रहा था। उसे पूरा मालूम था कि स्टोर को दोबारा शुरू करने में कितनी लागत लगेगी। उसी अनुसार उसने दीपक को रकम थमाने के लिए अपना हाथ बढ़ाया, "लो इनसे जनरल स्टोर के लिए माल खरीद लेना।"

दीपक अभी रकम पकड़ना ही चाहता था कि सुनीता ने जल्दी से अपना हाथ बढ़ाकर उन्हें पकड़ लिया और पूछा, "ये कितने हैं पापा जी?"

"दस लाख।"

"बस दस लाख?

"हाँ बस दस लाख।"

अपने सपनों में अडंगा लगते देख सुनीता ने बिना किसी हिचकिचाहट के पूछा, "परन्तु आपके पास तो बीस लाख रूपये हैं?"

"हाँ हैं, तो क्या?"

सुनीता अपना हाथ बढ़ाकर बोली, "वे भी हमें दे दो।"

"क्यों?"

"आप उनका क्या करोगे?"

"क्या हमें अपने खर्चे के लिए पैसा नहीं चाहिएगा?"

"खाने पीने की भरपाई हम करते रहेंगे।"

"खाने पीने के अलावा और भी बहुत से खर्चे होते हैं जैसे लड़कियों के तीज त्यौहारों का खर्चा, दवाईयों का खर्चा और घुमने फिरने का खर्चा इत्यादि।"

"लड़कियों के लेन देन के खर्च एवम् अपनी दवाई की चिंता आप क्यों करते हैं वह हम करेंगे। हाँ घूमने फिरने का फिजूल खर्चा हम बर्दास्त नहीं करेंगे।"

शिव प्रसाद ने अपनी पुत्र वधू से अधिक जबान लड़ाना ठीक न समझ अपने पुत्र दीपक की तरफ मुखातिब होकर बोला, "दीपक तू चुप क्यों खड़ा है, अपनी बहु को समझा न।"

मैं उसे क्या समझाऊँ पापा जी, "समझ तो आप नहीं रहे।"

दीपक के कहे शब्दों से साफ जाहिर था कि दीपक और सुनीता की, शिव प्रसाद और अरूणा से पूरा पैसा लेकर, अपना पिंड़ छुड़ाने की मिली भगत थी। वे उन्हें कंगाल छोड़कर सदर जाकर अलग बस जाना चाहते थे। शिव प्रसाद अपने बेटे के मुख से ऐसे शब्द सुनकर स्तब्ध रह गया और पूछा, "मेरा क्या मतलब है?"

"मतलब साफ है कि आपको हम पर भरोसा नहीं है।"

दीपक की कही शिव प्रसाद को अंदर तक आहत कर गई। उसने अपना माथा पकड़ कर पूछा, "तू यह क्या कह रहा है दीपक?"

दीपक तो मुँह फेरकर खड़ा हो गया परंतु सुनीता ने आगे बढ़कर प्रश्न किया, "आप भरोसे की बात कह रहे हैं तो हम आप पर भरोसा कैसे कर लें की आप ये रूपया बेफिजूल नहीं उड़ाओगे।"

"तुम ऐसा किस बिना पर कह रही हो?"

"थोड़े दिनों पहले आपकी लड़की सरोज आपको 35000 रूपये देने आई थी। हमें तो पता नहीं की आपने यह रकम उसे कब, क्यों और कितनी दी थी।"

"उसे जरूरत थी तो मैंने दे दिए थे।"

"हमें भी तो अब जरूरत है।"

"तुम्हारी जरूरत के अनुसार तुम्हें भी दे तो दिए हैं।"

"नहीं हमें सारे रूपये दो वरना पता नहीं तुम कहाँ कहाँ लूटा दोगे।"

अपनी पुत्र वधू को अपने ससुर के सामने बेधड़क बोलते देख अरूणा को नागवार गुजरा वह आगे बढ़ी और बहू के सामने खुद मोर्चा संभाल कर तैश में बोली, "बदतमीज लुटाती तो तू है अपनों पर।"

"आप ये कैसे कह रही हो, मैंने ऐसा कब क्या कर दिया?"

"जब धैर्य का कुआं पूजन हुआ था तो तेरी मौसिया उसके लिए लाई तो धेले का भी नहीं और तुमने उन्हें साड़ियाँ, बच्चों के कपड़े और भाजी भर भर दे दी थी।"

"तो क्या उन्हे भाजी न देकर खाली हाथ भेज देती?"

"देनी तो थी परंतु तुम्हारी तरह लुटाकर नहीं।"

सुनीता तिलमिलाकर, "मम्मी जी आप यह बेकार का इल्जाम लगा रही हो।"

अरूणा आग बबूला हो अपना आपा भूल गई और उसके मुँह से गाली निकलते निकलते रह गई। वह चिल्लाई, "बाप की.... तू क्यों ज्यादा जबान चला रही है। बाप बेटा आपस में सुलट लेंगे।"

"ये सुलटते नहीं तभी तो मुझे जुबान चलानी पड़ रही है।"

"तुझे काहे की चिंता है जो इतनी बेशर्मी पर उतर आई है कि सारी लिहाज शर्म ही ताक पर रख दी?"

"हर माँ की तरह मुझे अपने बच्चों के भविष्य की चिंता है।"

"चिंता करने से ही काम नहीं चलता और न ही दूसरे के पैसों पर आँख गड़ाने से, कुछ मेहनत करो जैसी हमने की थी।"

धीरे धीरे पैसे के पीछे सास बहू में तकरार इतनी बढ़ गई कि दोनों ने आपस में बोलना छोड़ दिया। बहू ने अपने ससुर को भी नहीं बक्शा और यहाँ तक कह दिया, "बूढ़े इन पैसों को तू अपनी अर्थी के साथ ले जाना।"

शिव प्रसाद के पोता पोतियों ने भी अपने दादा दादी से किनारा कर लिया या उनसे करवा दिया गया। सुनीता ने सास ससुर का चाय, पानी, खाना, पीना, कपड़े इत्यादि धोना बंद कर दिया। दीपक ने अपनी पत्नी के साथ अपने बूढ़े माँ बाप से पिंड छुड़ाने का अच्छा अवसर पा लिया था। सास बहू की आपसी लड़ाई का सहारा लेकर वह केवल अपने परिवार के साथ सदर जाकर बस गया।

जैसे शुरू शुरू में गुम चोट का पता नहीं चलता है परंतु दो चार दिनों में ही वह इतनी दुखने लगती है कि उसके दर्द को सहन करना मुश्किल हो जाता है उसी प्रकार थोड़े दिन तो शिव प्रसाद ने अपने

लाड़ले को बिना देखे गुजार लिए परंतु धीरे धीरे उसके मन में दीपक के प्रति मोह पनपने लगा। और मोह की भावना इतनी प्रबल हो गई कि वह अपने ऊपर दीपक एवं सुनीता द्वारा लगाए गए लांछनों एवं घर्णात्मक रवैये को दर किनार करके उनसे मिलने को तड़पने लगा।

जैसे हर मायनों में समर्थ होते हुए भी एक भौंरा अगर कमल के फूल में बंद हो जाता है तो भी मोहवश वह कमल के फूलों की पंखुड़ियों को चीर कर बाहर निकलने की कोशिश नहीं करता और फूल को नुकसान पहुँचाने की बजाय अंदर ही प्राण त्यागना बेहतर समझता है उसी प्रकार शिव प्रसाद भी अपने बेटे बहू के द्वारा तिरस्कार किए जाने के बावजूद चाहकर भी एवं जीवन को अकेले सुचारू रूप से चलाने में समर्थ होते हुए भी अपने पुत्र के प्रति मोह का त्याग न कर सका।

शिव प्रसाद यह बखूबी जानता था कि जनरल स्टोर जो सुबह से रात तक खुलता है उसमें कितनी मेहनत करनी पड़ती है। एक अकेले व्यक्ति को इसे चला पाना असंभव सा हो जाता है। यही सोचकर उसने अपने लड़के की सहायता करने की ठान ली।

अपने गिरते स्वास्थ्य तथा बढ़ती उम्र की परवाह न करते हुए शिव प्रसाद रोजाना भौर सवेरे उठकर, तीन बसों को बदल कर, दो घंटे का सफर तय करके गुड़गांवा से सदर जाने लगा।

अपने ससुर को बिना बुलाए मेहमान की तरह जान सुनीता की बौंहे चढ़ गई। शिव प्रसाद की भावनाओं की कद्र न करके उसने ऐलान कर दिया कि वह उनके लिए खाने वगैरह का इंतजाम नहीं करेगी। यहाँ तक की उसने दीपक को भी ताकीद कर दी कि वह भी उन्हे चाय वगैरह की फिजूल खर्चीं के लिए भी पैसा न दें।

इतनी जिल्लत और यातनाएँ सहने के बाद भी शिव प्रसाद का अपने पुत्र के प्रति मोह भंग नहीं हुआ। वह बेनागा आंधी, तूफान, बारिश, गरमी, सर्दी आदि की परवाह किए बिना गुड़गावां घर से खाना बनवा कर जाता रहा। जब सुनीता ने महसूस किया कि उसका ससुर तो जोक की तरह उनसे चिमट गया है तो उसने एक घिनौनी चाल का मसौदा बना लिया। अपनी मंशा को कार्यान्वित करने के लिए उसने सास ससुर को रहने के लिए अपने पास बुला लिया।

सास बहू में बोलचाल अब भी नहीं थी। सुनीता ने खाना देने के लिए जेल में कैदियों की तरह रवैया अपना लिया, थाली में रखा और सरका दिया। अपनी सोची समझी चाल के अनुसार एक दिन जब शिव प्रसाद और अरूणा सुबह की सैर पर गए थे तो सुनीता ने डुप्लीकेट चाबी का प्रयोग करके उनकी अलमारी से सारे गहने निकाल लिए। घर में हंगामा खड़ा हो गया। दीपक दुकान पर शिव प्रसाद का इंतजार कर रहा था। जब शिव प्रसाद बहुत देर तक दुकान पर नहीं पहुँचा तो वह दुकान नौकरों के सहारे छोड़ भुनभुनाता हुआ घर आ धमका और अपने पिता को खड़ा देख गुस्से में गुर्राया, "आज दुकान क्यों नहीं आए?"

"अपनी बहू से पूछ।"

बहू से क्या पूछूँ, खाना खाकर आराम फरमा रहे होंगे। दूसरे के बारे में कुछ सोचने की क्या जरूरत है कि उसे भी खाना चाहिए।"

"आज अभी खाना मिला ही कहाँ है?"

सुनीता आगे बढ़कर शिव प्रसाद के सामने खड़ी हो हाथ नचाकर बोली, मिलेगा भी नहीं। आज दुकान पर काम ही नहीं किया तो खाने को कहाँ से आएगा?"

अपनी पुत्र वधू के कड़वे शब्द सुनकर शिव प्रसाद जलभुन गया परन्तु कुछ बोलता इससे पहले ही दीपक ने जले पर नमक छिड़कते हुए कहा, "मुफ्त की रोटी तोड़ने की आदत पड़ गई है।"

अपने बेटे बहू द्वारा अपने पति के साथ बदतमीजी अरूणा बर्दाश्त न कर सकी और वह भड़क उठी, अरे बेशर्मो कुछ तो इंसानियत रखो। ये तुम्हारे बाप हैं। जो भी आज तुम हो इनके कारण ही हो। इतनी उम्र में स्वास्थ्य ठीक न रहते हुए भी ये तुम्हारा पूरा सहयोग कर रहे हैं। फिर भी तुम्हें उनका कोई गुण एहसान नजर नहीं आता। उनकी सेवा करने के बजाय तुम तो उनके साथ एक दास से भी बदतर सलूक कर रहे हो।"

सुनीता ने अपनी सास की आवाज से थोड़ी ऊँची आवाज में जवाब दिया, कौन सा बाप किसका बाप होगा जिसका होगा। और फिर मैनें क्या गलत कह दिया, हम भी तो सारा दिन खटते रहते हैं तब जाकर कहीं दो जून की रोटी नसीब होती हैं।"

"नहीं गलती तुम दोनों ने नहीं हमने किया है जो तुम्हें पूरी दुकान संभाल दी।"

सुनीता हाथ मटका कर बोली, "छूछा छूछा हमें दे दिया माल तो अपनी अंटी में लगा रखा है।"

दीपक ने अपनी पत्नी की जबान तो बंद करवाई नहीं ऊपर से उसकी मन की भाषा एवम् भावना को उजागर कर दिया जब उसने सुनीता का समर्थन करते हुए कहा, "पापा जी आप वे दस लाख इसे दे क्यों नहीं देते?"

शिव प्रसाद ने पहले तो दीपक की अपनी पत्नी के सामने चुप्पी साधने फिर दस लाख मांगकर उसकी मनोइच्छा को उजागर करने से भांप लिया कि अब उसका बेटा उसका नहीं रहा अतः पूछा, अभी

तुम्हारा हमारे साथ इतना घिनौना सलूक है अगर मैनें दस लाख तुम्हें दे दिए तो तुम तो हमें धक्के मार कर बाहर का रास्ता दिखा दोगे?

सुनीता जिसके अंदर का लावा उबलकर अभी तक बाहर नहीं निकला था, यह जानकर कि उसे दस लाख नहीं मिलने वाले हैं, फूटकर बाहर निकल आया और वह चिल्लाकर आगे बढ़ी तथा अपने ससुर की अटैची को उठाकर कमरे से बाहर फेंकते हुए गुर्राई, "लो अब बाहर तो तुम्हें वैसे भी जाना ही होगा। समेटो अपना बोरिया बिस्तर और दफा हो जाओ यहाँ से।"

दीपक ने सुनीता को एक बार भी नहीं टोका कि वह अपनी जबान पर लगाम ले। जब शिव प्रसाद ने उसकी तरफ देखा तो दीपक ने अपनी नजरें फेर ली। इससे शिव प्रसाद को आभास हो गया कि उसके बेटे की भी सुनीता से सहमती थी। यह शिव प्रसाद और अरूणा के जीवन पर दीपक और सुनीता के प्रहार की पराकाष्ठा थी। आज उसे महसूस हुआ कि उसका मकान, दुकान, पुत्र, पुत्र वधू, पौत्र और पौत्री होते हुए भी कुछ नहीं था।

अपने पुत्र की खुशी के लिए तथा उसके प्रति अपना मोह कायम रखते हुए शिव प्रसाद ने सब कुछ उनको सौंप कर सभी का त्याग करने की मन में ठान ली। अपने पुत्र की चाहत को अमली जामा पहनाने के लिए वह अपनी पत्नी के साथ किराए का मकान लेकर रहने लगा। वह टेलीफोन पर यदाकदा अपने पुत्र की कुशलक्षेम पूछ लेता था परन्तु दीपक की तरफ से ऐसा प्रयास कभी नहीं किया गया।

दीपक अपने परिवार में मग्न एवमं खुश था परन्तु शिव प्रसाद को चैन न था। वह अंदर ही अंदर घुट रहा था। उसकी रातों की नींद उड़ चुकी थी। वह हमेशा दीपक के बारे में ही सोचता रहता था कि न जाने उसे समय पर खाना, नहाना, सोना आदि मिल रहा होगा या नहीं। कुछ ही दिनों में वह अपनी मान, मर्यादा, आदर, सत्कार जो उसने

खोया था उसे भूल चुका था केवल उसे अहसास हो रहा था अपने लाड़ले दीपक की अदृश्य कठिनाईयाँ का जो वास्तव में वह झेल ही नहीं रहा था।

अपने मन की व्यथा को शांत करने तथा अपने पुत्र की सहायता करने के विचार से शिव प्रसाद ने एक दिन दीपक को टेलीफोन मिलाया, "दीपक मैं वापस आना चाहता हूँ।"

दीपक ने साफ शब्दों में टका सा जवाब देते हुए कहा, "यहाँ से जाने का फैसला भी आपका ही था आने का भी आप पर निर्भर करता है। और हाँ सुनलो मैं आपको लेने नहीं आऊँगा और न आने में किसी प्रकार की सहायता करूँगा।"

एक दिन शिव प्रसाद के सब्र का बाँध टूट गया और मोहवश वह बिना किसी को बताए, अपने बेटे को गले लगाने को दौड़ पड़ा। शिव प्रसाद तो गले लगकर फूट फूट कर रोने लगा परन्तु दीपक की आँखों में खुशी के आँसू तो दूर उस के मुँह से सांत्वना का न तो कोई शब्द निकला तथा न ही उसके हाथ अपने बूढ़े पिता को अपने सीने से लगाने को उठे। वह मूर्ति बना निश्छल खड़ा रहा। थोड़ी देर में शिव प्रसाद ने अलग होकर दीपक का चेहरा अपने हाथों के बीच लेकर भावानात्मक पूछा, "तू कैसा है, दीपक?"

दीपक ने उल्टा प्रश्न दागा, आपको यह गलत सूचना किसने दी कि मुझे कुछ हो गया है? आपको दिख नहीं रहा कि मैं स्वस्थ आपके सामने खड़ा हूँ?"

एक पिता अपने पुत्र के प्रति मोहवश एक बार फिर जीवन रूपी दलदल में फंस गया और नारकीय जीवन जीता हुआ पंच तत्त्वों में विलीन हो गया।

यह यही दर्शाता है कि वर्तमान युग में श्रवण पुत्र नहीं मिलते बल्कि श्रवण बाप मिलने लगे हैं।

किरोड़पति

जैसे आई.एन.ए. मार्किट देहली की एक जानी मानी मार्किट थी उसी प्रकार उस मार्किट में किरोड़ी मल भी जाना पहचाना एवम् एक प्रसिद्ध नाम था। हांलाकि अपने नाम के अनुरूप उस समय वह किरोड़पति तो नहीं था परन्तु मार्किट के कुछ गिने चुने सफल व्यापारियों में से एक था।

वह अपने परिवार के साथ सत्य निकेतन में अपने खुद के मकान में रहता था। किरोड़ीमल की पत्नी सरला सरल स्वभाव, धर्म कर्म में आस्था रखने वाली एक सर्वगुण सम्पन्न गृहणी थी। उनकी चार संतानें थी। सबसे बड़ी लड़की सुनीता, उससे छोटा नरेंद्र, फिर सुरेन्द्र और सबसे छोटी लड़की अनीता थी। घर में सुख का हर साधन मौजूद था। अतः परिवार में सुख शान्ति का माहौल था।

अपनी बड़ी लड़की सुनीता की शादी करने के बाद किरोड़ीमल का व्यवहार अपने घर के बाकी सभी सदस्यों के प्रति अचानक बदल गया। किरोड़ीमल ने अपने बच्चों से कह दिया कि अगर उन्हें पढ़ाई चालू रखनी है तो अपनी फीस, कॉपी, पुस्तक एवम् अन्य खर्चे खुद सहन करने होंगे। इसके साथ साथ घर का पूरा खर्चा भी उन्हें ही वहन करना होगा चाहे वे जैसे करें उसका इससे कोई सरोकार नहीं है। किरोड़ीमल के इस अचानक एलान ने पत्नी के साथ सभी बच्चों को सकते में डाल दिया।

बडे लड़के नरेंद्र को, जिसने इसी वर्ष स्नातक की डिग्री हासिल की थी, आगे के लिए अपनी पढ़ाई छोड़नी पड़ी। सुरेन्द्र, जो बी.टेक.

कर रहा था, ने भी अपना कोर्स बीच में ही छोड़ने का मन बना लिया। परन्तु अपने बड़े भाई के आश्वाशन और सहायता से किसी तरह उसने अपना कोर्स पूरा कर लिया। नरेंद्र एक मेहनती और होनहार लड़का था। वह अपनी कक्षा में हमेशा प्रथम आता था। जीवन यापन के बारे में वह दूसरे देशों के प्रचलित साधनों एवम कार्यक्रमों के बारे में बहुत जानकारी रखता था। यही कारण था कि उसने बारहवीं कक्षा पास करते ही, खाली समय में दूसरे देशों के बच्चों की तरह, कुछ कमाई करके अपना खर्चा खुद उठाने की ठान ली क्योंकि वह अपने माँ बाप पर बोझ बनना नहीं चाहता था। इसी विचारधारा के चलते वह जीवन बीमा निगम, एन.एस.सी. पी.पी.एफ. और एन.एस.एस. इत्यादि का एजेंट बन गया था।

अब जब अचानक उसके पिता जी ने एलान किया तो नरेंद्र ने अपनी इसी आमदनी के बलबूते पर अपने छोटे भाई को पढ़ाने के साथ साथ घर का खर्चा भी बखूबी निभाया। जब किरोड़ीमल को एहसास हुआ कि उसका लड़का नरेंद्र इतना समर्थ है कि वह पूरे घर का खर्चा स्वयं वहन कर सकता है तथा उसका छोटा लड़का सुरेन्द्र भी कमाने लगा है तथा वे किसी प्रकार भी उसके पराधीन नहीं हैं तो उसके मन में एक और फतूर ने जन्म ले लिया।

किरोड़ीमल ने अपनी आमदनी बढ़ाने हेतू अपने लड़कों को घर से निकालने की सोच ली जिससे वह अपने मकान का आधा हिस्सा किराए पर दे सके। अपनी सोच के मुताबिक एक दिन रात को जब सब खाना खा चुके तो किरोड़ीमल ने प्रस्ताव रखा, मैं अपने दोनों लड़कों को अपनी जायदाद से बेदखल करना चाहता हूँ।''

किरोड़ीमल की बात सुनकर घर के सभी सदस्य सकते में आ गए। सभी उनकी तरफ ऐसे देखने लगे जैसे पूछ रहे हों कि अचानक ऐसा क्या हो गया जिससे उन्होंने यह निर्णय लिया। थोड़ी देर के

सन्नाटे के बाद सरला ने चुप्पी तोड़ी, "क्यों जी आप अचानक ऐसा फैसला..........?"

किरोड़ीमल ने अपने माथे पर त्यौरी चढ़ाकर हाथ के इशारे से अपनी पत्नी को चुप करते हुए कहा, "बस मैंने फैसला कर लिया है। अब इन्हें यह घर छोड़ना पडेगा।"

सरला की उत्सुकता बरकरार रही अतः बोली, "देखो जी बच्चों को घर छोड़ने की कहना और बेदखल करने में बहुत फर्क है।"

"हाँ यह मैं भी जानता हूँ। मेरा कहने का तात्पर्य यही है कि ये घर से बाहर जाकर अपने बलबूते पर रहें।"

"परन्तु क्यों?"

किरोड़ीमल ने बड़े रूखेपन से जवाब दिया, "तुम्हारी इस क्यों का जवाब देने को मैं बाध्य नहीं हूँ।"

"परन्तु हमारा नरेंद्र छब्बीस वर्ष में चल रहा है?"

किरोड़ीमल हाथ नचाकर, तो मैं क्या करूँ?"

"उसकी शादी करने की उम्र हो गई है।"

"तो करले शादी मैंने कब रोका है।"

"आप कैसी बातें कर रहे हो? उसकी शादी की जिम्मेदारी तो आपकी बनती है।"

किरोड़ीमल ने अपना तर्क दिया, "नरेंद्र अच्छा खासा कमा रहा है। सारे घर का खर्चा चला रहा है। वह खुद एक जिम्मेदार व्यक्ति बन चुका है तो अब मेरी जिम्मेदारी का क्या मतलब?"

सरला ने पस्त होते हुए भी एक बार फिर कोशिश की, "आपको अचानक यह क्या हो गया है जो आप अपने फर्ज से विमुख होना चाहते हैं?"

इस बार किरोड़ीमल खीजकर गुस्से से बोला, "मुझे अब किसी की कुछ नहीं सुननी है। मैनें जो कहना था कह दिया बस।"

सरला और अनीता के रोने धोने का भी किरोड़ीमल पर कोई असर नहीं हुआ। वह अपनी जिद पर अड़ा रहा। आखिर नरेंद्र और सुरेन्द्र को अपना पैतृक मकान छोड़कर बाहर किराए पर रहना पड़ा। दोनों भाईयों का अपनी छोटी बहन एवम् ममतामयी माँ को छोड़ने का दुःख तो बहुत हुआ परन्तु वे मजबूर थे। कुछ दिनों की उदासीनता के बाद उन्होंने अकेला जीना सीख लिया।

हालाँकि नरेंद्र ने केवल स्नातक की डिग्री ही हासिल की थी परन्तु जीवन बीमा के एजेंट के तौर पर उसकी कई बड़े रसूक वाले लोगों से अच्छी जान पहचान हो गई थी। इनमें उच्च व्यापारी वर्ग के साथ साथ कई छोटे बड़े नेता भी शामिल थे। नरेंद्र एक निर्मल स्वभाव, मृदुल भाषी, अच्छा वक्ता, सदाचारी एवम अपने काम का महारथी था। नेता लोगों की संगत ने उसे एक अच्छा वक्ता के साथ साथ एक पारंगत लेखक भी बना दिया था। क्योंकि वह अपनी जान पहचान वाले बहुत से नेताओं के भाषणों की दिल छू देने वाली रूप रेखा भी तैयार करता था।

नरेंद्र की उम्र अब अठ्ठाईस वर्ष हो चली थी। वह खुद नेता तो न बन पाया परन्तु उनके बीच अपनी धाक छोड़ने में कामयाब अवश्य हो गया था। वह एक सफल बीमा एजेंट तो था परन्तु लोगों की सोच में उसका काम एक सफल सुखमय गृहस्थ जीवन बीताने के लिए पर्याप्त नहीं था। नरेंद्र की उम्र बढ़ती जा रही थी उसे चिंता सताने लगी कि अगर एक दो वर्षों में उसकी शादी नहीं हुई तो हो सकता है कि आजीवन उसे कुवांरा ही रहना पड़े अतः अपनी होने वाली जीवन संगिनी की खूबियों से उसने समझौता करना ही उचित समझा।

सौभाग्य से नरेंद्र को पढ़ी लिखी कार्यरत एक इंजीनियर लड़की टकरा गई। वह उसकी हम उम्र थी। रंग भेद के कारण वह अभी तक कुंवारी थी। नरेंद्र ने उसके गहरे सांवले रंग पर न जाकर उसकी अंदरूनी योग्यता एवम गुणों को परख कर यह मौका हाथ से न जाने देने की ठान ली तथा उससे अपना रिश्ता पक्का कर लिया।

नरेंद्र लड़की वालों से अपना रिश्ता तय करने के बाद यह खुशखबरी देने अपने पिता जी को उनके पास जाकर बोला, "पापा जी मैनें अपने रिश्ते की बात चलाई है।"

किरोड़ीमल ने बड़ी बेरूखी से जवाब दिया, "तो मैं क्या करूँ?"

नरेंद्र ने बड़ी आत्मीयता से कहा, "अब आगे की बात तो आप तय कर लो।"

"मुझे किसी से कोई लेना देना नहीं है।"

"पापा जी मैं लेने देने की बात तय करने की नहीं कह रहा हूँ। मैं तो चाहता हूँ कि आप मेरी शादी में शरीक हो जाओ।"

"नहीं नहीं मेरा तुम्हारे से कोई सरोकार नहीं है। तुम जैसा चाहो करो।"

"परन्तु क्या आप....?"

"मैंने कह दिया न कि मैं तुम्हारी शादी में नहीं आऊँगा।"

नरेंद्र ने हर संभव यत्न किया कि उसके पिता जी उसकी शादी में शरीक हों परन्तु उन्होंने एक न मानी। आखिर नरेंद्र हताश निराश वापस अपने कमरे पर आ गया। वह एकांत में बैठा यह सोचकर फूट फूट कर रोने लगा कि उसके पास सब कुछ, पिता तथा माँ, होते हुए भी वह अकेला है। जब उसके आँसू खत्म हो गए तो वह उठा और दोनों हाथ जोड़कर भगवान से प्रार्थना की, "भगवान मुझे इतनी

शक्ति दे कि मैं अकेला ही अपने जीवन यापन में समर्थ हो सकूं।" और वह काम में लग गया।

नरेंद्र के अपने पिता के दुतकारने के बाद चले जाने पर सरला ने अपने पति किरोड़ीमल को आड़े हाथों लिया। उसके सब्र और रिश्तों का बाँध टूटने लगा तो बोली, "आप इतने निर्दयी और निर्लज्ज तो नहीं थे।"

"क्या मतलब?"

"मतलब यह कि पहले तो आपने घर का खर्चा देना बंद कर दिया। फिर मासूम बच्चों को घर से निकाल दिया। और अब जब कि वह तुम्हारा करने का फर्ज भी पूरा करना चाहता है उसमें भी आप उसका साथ नहीं देना चाहते। वह आपसे कोई आर्थिक सहायता भी नहीं मांग रहा। वह तो केवल इतना चाह रहा है कि आप उसकी शादी में शामिल होकर एक सामाजिक बंधन अर्थात बाप होने का फर्ज पूरा कर दे। उसमें भी आपको एतराज है। आखिर क्यों?"

अपनी पत्नी की फटकार सुनकर किरोड़ीमल ने अपने पत्ते खोले, "मैं नरेंद्र की शादी में जाने को तैयार हूँ।"

सरला अपने पति के मुँह से यह सुनकर बहुत खुश हुई। वह भाव विभोर हो उठी और आगे बढ़कर अपने पति के दोनों हाथ पकड़ कर निश्चिन्तता के भाव प्रकट करना ही चाहती थी कि किरोड़ीमल बोला, "परन्तु एक शर्त पर।"

शर्त का नाम सुनकर सरला ठगी सी रह गई। उसकी जबान गले में ही अटक गई और अपने पति के चेहरे को ऐसे निहारने लगी जैसे पूछ रही हों, "वह शर्त क्या है? मेरा लड़का तुम्हारी सभी शर्तें पूरी कर देगा।"

किरोड़ीमल ने सरला के चेहरे के भाव पढ़कर बिना किसी संकोच के कहा, "अगर नरेंद्र मुझे 50000 रूपये दे तो।"

किरोड़ीमल की फरमाईस सरला की समझ से बाहर की बात थी। वह सोचने लगी कि उसका पति अपने बेटे से 50000 रूपये क्यों चाहता है जबकि उसे तो खुशी खुशी अपने लड़के की शादी में खुद खर्च करना चाहिए। जब सरला उत्तर न ढूंढ पाई तो किरोड़ीमल से ही पूछा, "भला नरेंद्र से आप इतना पैसा क्यों चाहते है?"

किरोड़ीमल ने बिना हिचकिचाहट के जवाब दिया, "अपनी छोटी बेटी अनीता की शादी के लिए।"

सरला ने कभी सपने में भी नहीं सोचा था कि उसका पति पैसों के लिए इतना गिर सकता है। उसके पास सब कुछ होते हुए भी वह अपने लड़के की सहायता करने की बजाय उल्टे उससे अपनी लड़की की शादी के लिए रूपये लेने की शर्त रखेगा। सरला को अपने पति से घिन्न आने लगी परन्तु समय की नाजुकता को भांप कर कुछ बखेड़ा खड़ा करना उचित न समझ अपने पति की इच्छा अपने लड़के के पास पहुँचाने की ठान ली।

माँ को अपने कमरे पर आया देख नरेंद्र की खुशी का पारावार न रहा। वह दौड़कर अपनी माँ से लिपट गया और उसकी आँखे खुशी के आँसू बहाने लगी। आँसू तो माँ की आँखों में भी थे परन्तु वे कुछ और ही बयाँ करते नजर आ रहे थे। अपनी माँ के मुरझाए एवम संकोच से भरे चेहरे को भांपकर नरेंद्र ने पूछा, माँ क्या बात है आज अपने बच्चे के सामने आपकी आँखे गर्व से उठती नजर नहीं आ रहीं।"

सरला ने अपने को संभाल कर परन्तु नजरें चुराते हुए कहा, "नहीं बेटा ऐसी कोई बात नहीं है।"

"तो फिर कैसी बात है माँ?"

"तुम्हारे लिए एक खुशखबरी है।"

"कौन सी खुशखबरी माँ, मुझे जल्दी बताओ।"

"वो वो...तुम्हारे पिता जी ने संदेशा भिजवाया है कि वे तुम्हारी शादी में शरीक होने को तैयार हैं।"

अपनी माँ के शब्द सुनकर नरेंद्र खुशी से उछल पड़ा और अपनी माँ को अपनी बाँहों में उठाकर नाचने लगा। परन्तु नरेंद्र ने महसूस किया कि उसकी माँ इतनी खुश नहीं थी जितना उन्हें होना चाहिए था। उसे लगा जैसे उसकी माँ के मन में कोई टीस उठ रही है। अतः पूछा, "माँ आप इतनी खुशी का संदेशा लाई हैं फिर भी आप खुश नजर नहीं आ रही हैं। क्या बात है?"

"माँ को अपना मुँह खोलना बहुत भारी पड़ रहा था फिर भी बताना तो था। अतः बताया, बेटा इसके लिए तुम्हारे पिता जी ने एक शर्त रखी है।"

"माँ मुझे सब शर्तें मंजूर हैं। जल्दी बताओ पिता जी ने क्या संदेशा भिजवाया है।"

नरेंद्र अपनी माँ की और उतावलेपन से टकटकी लगाए था कि माँ कुछ बोले परन्तु अपनी माँ के मुख से कोई शब्द निकलते न देख उसने दोबारा अपनी माँ को चेताया, "माँ बताओ न आप चुप क्यों हैं?"

वे...वे... तुम्हारी शादी में शरीक होने के लिए...." कहकर सरला फफक फफक कर रो पड़ी। वह अपने पति की इच्छा अपने बेटे के सामने जाहिर करने में अपने को असमर्थ पा रही थी।

नरेंद्र ने अपनी माँ का ढांढस बढ़ाया तथा पलंग पर बैठाकर उसके आँसू पोंछने लगा। जब उसकी माँ कुछ आश्वस्त हो गई तो उसने अपने दिल पर पत्थर रखकर एक ही सांस में उगल दिया,

तुम्हारे पिता जी तुम्हारे से 50000 ₹ वसूलना चाहते हैं अपने पिता का ऐसे शुभ अवसर पर अपने सिर पर उनके साये को पाने के समक्ष 50000 ₹ देना कुछ मायने नहीं समझ नरेंद्र ने बिना कुछ प्रश्न किए अपनी माँ से कहा, "बस इतनी सी बात के लिए माँ आप दुविधा में पड़ी थी। खामा-खां आपने अपना दिल दुखाया। मैं रूपये देने के लिए तैयार हूँ।"

इतना ही नहीं नरेंद्र ने अपने माँ बाप के लिए शादी में पहनने के लिए नए कपड़ों का भी प्रबंध कर दिया। वैसे कुछ हद तक अब नरेंद्र अपने पिता की मंशा एवम् जीवन के उद्देश्य को समझ चुका था कि वे अपने जीवन में एक धनाढ्य शक्सियत बनने का सपना लेकर चल रहे थे। उनको धन संचय की लत लग गई है।

नरेंद्र की शादी धूमधम से सम्पन्न हो गई। सभी रिश्तेदार, निकट संबंधी एवम् परिवार के सदस्य कोई अंदाजा न लगा सके कि अपने बच्चों का घोर विरोधी होते हुए भी किरोड़ीमल इतनी खुशी खुशी नरेंद्र की शादी में शरीक कैसे हो गया। नरेंद्र ने आपसी फैसले की भनक किसी को, यहाँ तक की अपने छोटे भाई सुरेन्द्र को, भी नहीं लगने दी थी।

इसके बाद सुरेन्द्र एवम् छोटी बहन अनीता की शादी भी हो गई तथा सभी अपने अपने परिवार के साथ सुख शान्ति से रहने लगे।

एक दिन नरेंद्र को सूचना मिली कि उसके पिता जी सख्त बीमार हैं। वह उनको देखने गया तो यह देखकर आश्चर्य चकित रह गया कि उन्हें जमीन पर लिटाया हुआ था। अपने पिता को जमीन पर लेटा देख नरेंद्र अपने विचारों में खो गया। उसे एक राजा की कहानी याद आ गई।

एक राजा ने यह सोचकर कि उसके दरबार में नव रत्न विद्वानों के बीच एक मूर्ख भी होना चाहिए, ढूंढ़कर एक मूर्ख व्यक्ति की नियुक्ति कर ली और उसके कोट पर महामूर्ख का बिल्ला लगवा दिया। राजा जब भी गमगीन होता था तो मूर्ख व्यक्ति की मूर्खता भरी बातें सुनकर बहुत खुश होता। एक दिन राजा के बुलाने पर जब वह महल पहुँचा तो राजा जमीन पर लेटा हुआ था तथा सभी दरबारी हाथ बांधे उसके चारों ओर उदासीन होकर खड़े थे। यह नजारा देख मूर्ख ने राजा से पूछा, महाराज आप नीचे क्यों लेटे हैं?''

राजा ने मरी आवाज में छोटा सा जवाब दिया, ''मैं जा रहा हूँ।''

''अरे तो महाराज रथ पालकी या घोड़ों पर जाओ।''

''अरे मूर्ख जहाँ मैं जा रहा हूँ वहाँ इनमें से कोई नहीं जा सकता।''

''तो महाराज रानी जी को तो साथ ले जाओ।''

''वहाँ मुझे अकेले ही जाना पड़ेगा।''

''तो महाराज अपने खर्चे पानी के लिए कुछ धन तो बाँध ले जाओ।''

''अरे मूर्ख उस जगह यहाँ के धन को भी नहीं ले जाया जा सकता।''

''अगर वहाँ कुछ ले जाया ही नहीं जा सकता तो फिर महाराज आप जा क्यों रहे हैं?''

''अरे मूर्ख एक न एक दिन वहाँ सभी को जाना है। इसे कोई नहीं टाल सकता।''

इस बार मूर्ख ने बात खत्म करने के लिहाज से कहा, ''तो महाराज ठीक है आपके वहाँ से वापस आने पर मुलाकात होगी।''

इस पर राजा ने खीज कर जवाब दिया, "अरे महामूर्ख जहाँ मैं जा रहा हूँ वहाँ से कोई वापस नहीं आता।"

"तो क्या महाराज आपको पता नहीं था कि वहाँ जाना पड़ेगा?"

"पता था।"

"महाराज जब आपको इन सबके बारे में पता था तो क्यों सारी जिंदगी धन बटोरते रहे?"

इसके बाद मूर्ख थोड़ी देर सोचता रहा फिर अपना महामूर्ख का बिल्ला उतार कर, महाराजा के कोट पर टांगा और चुपचाप चला गया।

अचानक नरेंद्र को एक डूबती सी आवाज अपने कानों में सुनाई पड़ी। उसकी तंद्रा टूटी तो देखा कि उसके पिता जी अपनी बाँहों को फैलाने की कोशिश कर रहे थे तथा उनकी आँखे उसे अपने आगोश में आने का न्योता देती नजर आ रही थी। नरेंद्र आगे बढ़ा और अपने पिता जी की आखिरी इच्छा पूरी करने के लिए उनकी छाती से लिपट गया। किरोड़ीमल ने बड़े प्यार से अपने पुत्र के सिर पर हाथ फेरते हुए कहा, "बेटा मेरे पास पैसा है, मेरा स्वास्थ्य भी ठीक रहा, मुझे गुणवंती नारी भी मिली, मेरे बच्चे भी आज्ञाकारी रहे परन्तु अपने नाम किरोड़ीमल के अनुरूप मेरी किरोड़पति कहलाने की प्रबल इच्छा एवम अहंकार ने मुझे इन सभी अपनों से विमुख कर दिया।

मैं इस बात को आज अपने आखिरी समय में, तुम्हें अपने सीने से लगाकर, समझ पाया हूँ कि अपनों के बीच मिलजुल कर खुशी खुशी जीवन यापन करना ही श्रेष्ठ गृहस्थ जीवन होता है। बेटा मुझे माफ कर दे। मैनें.......।

और किरोड़पति किरोड़ीमल खाली हाथ इस संसार से विदा हो गया।